U0142803

諮商實習實務

邱珍琬————著

五南圖書出版公司 印行

自 序

　　之所有以有這本書的出現，主要是幾個原因：第一，在擔任兼職實習或者是全職實習的課程教學時，常常無法找到適當的教科書來協助課程之進行；第二，學生對於課程教師在實習現場的提醒不太放在心上，通常需要駐地督導再度的提點，有時沒有修正的機會；第三，最近五、六年以來發現，學生在實習現場的態度及表現與以往差距太多，這考驗到我們身為諮商師教育者以及督導的倫理責任，到底我們該堅守守門人的責任？還是輕鬆放過、讓這些準諮商師到社會上去做服務？同仁們也發現學生進入諮商兼職實習的時候，在許多情況下是「配備不足」的，因此寧可在學生兼職實習時擋下他／她們、讓他／她們培養足夠的知能之後再進入全職實習的現場，因為學生在全職實習的時候，駐地督導對他／她們的期待也會更高——希望他／她們能夠有獨立作業的能力。因此，這本書的出現，主要是多年來教學以及督導的產物，希望能夠藉由一些心得、經驗的分享及觀察，讓諮商師培育的課程更紮實、有效。

　　諮商實務現場多變，當然不是一本書可以竟其功，然而隨著學生在實習現場的經驗與狀況進一步創思解決之道，這些對於尚未或已進入臨床現場的諮商實習生而言，至少可以提供參考、不會毫無頭緒而亂了分寸。

　　感謝五南出版社的王俐文副總編，願意一如以往支持我在寫作方

面的想法，也協助我將自己多年臨床與督導的經驗，彙整成一本可用的實務指引，供後進與對諮商有興趣的同好參酌與閱讀。希望這本書可發揮其預定的目標，讓諮商人更貼切、容易入手。

目　錄

第一部分　準諮商師的準備

1-1　清楚自己爲何選擇諮商這一行　001

1-2　新手諮商師的挑戰　009

第二部分　諮商師實習課程的重要性

2-1　諮商師培育機構的把關責任　019

2-2　選課注意事項　025

2-3　實習課程的重要性　027

2-4　如何從實習中獲益　034

2-5　實習規定　037

第三部分　實習申請與準備

3-1　實習前的準備　041

3-2　一般申請實習較常遭遇的問題　049

3-3　選擇與申請實習機構　053

3-4　如何準備實習申請資料　063

3-5　面談的準備　065

3-6　被拒絕的學習　069

第四部分　進入實習機構之後

4-1　如何融入實習機構　071

4-2　實習是專業之路的開始　079

4-3　實習生如何補足專業知能與技巧　088

4-4　倫理與法律議題　092

第五部分　實習過程與注意事項

5-1　接案準備　095

5-2　臨床實務議題　105

5-3　臨床筆記與紀錄撰寫　111

5-4　個案報告　114

5-5　診斷與衡鑑　119

5-6　實施測驗　120

5-7　團體工作　121

5-8　協同領導　124

5-9　心理衛生宣導　128

5-10　多元文化議題　131

5-11　與當事人關係如何拿捏　　135

5-12　當事人是我們的老師　　137

5-13　行政工作也是實習項目之一　　139

5-14　衝突與解決　　141

5-15　危機處理　　146

5-16　通報與否　　166

5-17　悲傷輔導　　168

5-18　自我保護　　172

5-19　諮商協助該到何種程度　　175

5-20　結束治療　　178

第六部分　督導關係

6-1　如何從督導經驗中獲益　　198

6-2　參與團體督導　　203

6-3　在校課程就是團體督導的一種　　206

6-4　確保實習生品質與效能　　209

第七部分　專業成長與發展

7-1　實習遭遇的倫理議題　215

7-2　個人議題與諮商　217

7-3　專業耗竭　221

7-4　自我照顧　224

7-5　諮商師自我照顧的重要性　226

7-6　諮商師的自我照顧方式　232

7-7　壓力與調解　248

7-8　逐字稿訓練與收穫　262

第八部分　從這裡開始

8-1　實習生最常遭遇的問題　265

8-2　其他實習相關問題　272

8-3　給實習生的叮嚀　283

8-4　完成實習：準備走上專業之路　290

參考書目　293

第一部分

準諮商師的準備

1-1 清楚自己為何選擇諮商這一行

　　諮商所在近十年來是很夯的報考系所，但是隨著諮商師位置的滿額，許多有執照的諮商師都成為了接案的「行動諮商師」，但是要做有效能、收入可以餬口的諮商師，仍需要先在一些公私立心理衛生機構待過（不管是實習還是正式執業），才能建立起在業界的名聲，在擔任行動諮商師時，才會因為自己過去的能力與人脈接到轉介或方案的個案，要不然只是很天真地認為行動諮商師很自由，其實是錯誤的想法。筆者接觸了許多行動諮商師，他們的共同抱怨是：要開車從北到南接案，才足以維持生計，經常人疲力乏，更容易造成專業耗損。

　　由於現在有許多進入諮商所的管道，不管是經由考試進來、或者推甄面試，再加上諮商所開放給多元背景的人進入修習，因此心輔、諮輔、心理或社工等相關科系之外的科系學生，都有機會進入諮商領域學習。專業助人的工作很吸引人，然而進入諮商所學習之前，需要自我覺察與檢視：看看自己是什麼原因想進入這個訓練課程？我們在

面談的過程中，常常發現有些應試者將諮商所誤以爲是「諮商中心」（也就是提供治療的場所），這眞是誤會大了！當然也顯示出應試者想要藉由學習諮商來處理自我議題之殷切，因此通常我們需要釐清他們的這個迷思。此外，我們也發現許多應試者是因爲之前曾經接受過輔導老師或者諮商師的協助，所以才對這個行業感興趣，但往往只是一時的熱情衝動，卻沒有思考到自己的性格與興趣是不是適合擔任諮商師？可不可以承受接下來緊鑼密鼓的訓練？另外，不少想從事助人工作者，第一個念頭可能就是想要協助他人，認爲在助人過程中有很棒的酬賞，還有一些是希望可以藉此自我療癒。有學者（Corey & Corey, 2011）調查發現想進入諮商這一行的動機有以下幾項（見下表），讀者看看自己的情況是如何？也可以藉此更了解自己。

　　諮商師培訓教育需要長達三至四年的時間，前兩年是課程的教育，加上碩二兼職實習與碩三的全職實習之後，還需要完成論文，畢業後考取諮商師執照，才開始正式的專業助人生涯。在眞正進入兼職實習之前，除了再問問自己當初選擇學習諮商的動機之外，還需要檢視一下自己學習的興趣與成果，其中最重要的是自我知識的程度，有些研究生即便接受了基本諮商師課程的洗禮，但是本身積極度不足、學習成績落後，這些都會影響接下來的實習工作與專業能力的發揮。

檢視一下自己想要成為助人專業的動機

助人動機	可能的危機
我想要對他人造成影響	因為重視當事人的改變，可能會從「賦能」（使其有能力或力量）當事人而獲得滿足，若當事人無意改變、就容易受挫或灰心
我想要回饋給曾經幫助我的人	自己曾經受到協助，轉而想要幫助他人，也可能因為過度幫助，而讓當事人覺得無能或無自信
我想要照顧別人	是自小就有的習慣，也成為個人認同的一部分，但是這種單向的照顧，一來不一定得到認可或喜愛，二來容易身心耗竭
我想要協助自己、自我療癒	諮商師有過創傷經驗，容易過度同理當事人或將當事人視為自己的延伸，失去客觀性，反而未能協助當事人
我想要被需要	覺得「被需要」很重要，若他人不感激就會失落或憤怒，也可能忽略了自己的需求
我想要有名望、地位與權力	這一行有時候必須要與許多弱勢族群工作，經濟上的酬賞並不豐厚。倘若諮商師以收入為考量，是否就不去幫助需要協助的人，或是讓可以結案的人持續接受治療？這是否也違反了專業助人的善意與本質？
我想要為問題提供解答	很多時候問題並沒有一個解決方式或根本無法解決，能行動做改變的還是當事人本身，若當事人無改變意願或動機，諮商師就容易受挫或認為當事人不合作
我想要獲得掌控	生活中適度的掌控是正常的，倘若想控制更多，甚至涉及他人的生活，不僅對方可能會有反感或抗拒，諮商師本身也會有情緒上的失調或失控

在諮商師訓練的教育中，會很強調自我覺察。自我覺察其實就是了解自己，甚至深入看自己的一個很重要的功課。諮商所面對的是跟諮商師一樣的一般人，任何走進諮商室尋求協助的當事人，都可能遭遇到諮商師會碰觸或經歷過的議題，所以諮商師的自我強度就從自我認識而來。自我知識越充足、越了解自己的優勢與劣勢，甚至持續做自我整理的動作，這樣子就比較不會在與當事人諮商或晤談的過程中，讓反移情或是自我未竟事務妨礙了助人工作的發揮。

朱羿靜（2019）提醒諮商實習生在準備進入實習課程之前需要的自備能力有：文書處理、個案模擬（越多越好）、熟悉基本諮商巧之使用、練習撰寫個案紀錄、針對想實習的對象修課或閱讀（特別是有兒童或青少年個案之機構）。倘若有想要練習的學派，建議先閱讀完一兩本專書，若無特定學派，則是將諮商理論與實務做精熟閱讀；另外，最好實習生本身有接受過個別諮商晤談二十次以上的經驗，或是參與一般的團體諮商（社會人士參與的，而非學習諮商專業者參與的），這樣才有機會真正體驗團體動力、說自己的事。而在心態上的準備則是需要：熟悉倫理與法規、個人議題的覺察與處理、自我照顧。實習是進入職場、準備獨當一面，她同時也提醒實習生：「實習是賺取經驗，不是非有即無。」

一、助人工作最大的障礙是自己

不少督導的共同發現是：諮商實習生最大的障礙在自己，不管是

自我認識或自我議題。督導們看見許多實習生在實習過程中，往往對自我的了解不清楚，甚至將工作與生活中的自己區分開來（在諮商室裡是親切的諮商師，回到生活中是另一個自己）。有些實習生在與當事人工作時，常常沒有情緒的表現或很難同理，而有些實習生在與當事人工作中，會突然有情緒的暴衝和哭泣，這些其實都跟自我議題有關，也就是自身有一些未解決的事務在那裡阻擋自己。而我們都相信：實習生在晤談過程中所發生的這些事件，其實也在他／她的日常生活中出現。我們常說：當事人很容易在諮商場域中展現自己的人際樣貌，諮商師又何嘗不是如此？

　　就如同一般人工作久了，容易有職業倦怠，何況是每日面對都是很耗能量的負面事件的專業助人者，要維持對專業的熱忱與能量不容易，加上諮商師也是人、也要面對與處理生活中的許多悲喜陰晴。從事諮商工作，可以滿足自己協助他人的意圖與目標、在當事人的世界中占有一席之地（甚至具有很大的影響力）、擁有自由與獨立作業的能力、可以有許多不同的經驗、有許多智性的刺激、得到情緒上的成長，有些諮商師甚至可以建立更多有意義的人際關係、在人際關係中獲得酬賞與滿足、看到自己的效能並增長自信、找到生活的意義與目標、得到眾人或社會的認同，同時有許多工作機會（Norcross & VandenBos, 2018, pp. 22-34），更進一步還可以成為改變社會現況的倡議者與能動者（agent）。秉持著這些信念，加上紮實的訓練作為背景，自然可以慢慢成熟為有效能的專業助人者，而在達成這個目

標的過程中，諮商師會更清楚自己、更悅納自己也更相信自己。

二、諮商工作的潛藏危險

　　心理治療的工作其實有許多隱藏的危險性，像是基本上我們是與其他人隔離、獨立作業居多，在情緒上也是如此，除非有時候與同儕可以互相支持、互動，而通常在家人、朋友或親密伴侶之間，不太能談論與工作有關的事務，所以會感覺到情緒上的孤單。此外當事人的一些行為（像是有心理疾病、太過依賴或是有危險性），也會添加助人工作的一些變數。有時候工作環境也不是諮商師自己可以控制的（比如說在機構裡面工作或者是為社福單位工作），如何與當事人維持所謂適當的專業關係？該怎麼做？研究上與臨床上證實治療師過度同理當事人或者是有替代性創傷、反移情等等，也會影響諮商師的專業與能力（Norcross & VandenBos, 2018, pp. 39-54）。諮商師本身的一些危險性，包括對於成為治療師的動機為何、實際生活中出現的生命事件或未竟事宜，以及職業倦怠或耗竭。 Norcross 與 VandenBos（2018, pp. 60-63）建議諮商師應該要先認出可疑的危險性或徵象，然後接納現狀，自我同理，並尋找資源、有合作或支持的團隊，使用適當的自我照護，維持個人及專業之間的適當平衡。

三、諮商非「匠工」之事

　　近年來，雖然有越來越多學生投身諮商師的訓練工作，但是也有更多學生對於當初為何選擇這一行有更大的疑慮。同時還看到學生可能分為兩極的族群：一是想像自己有朝一日學成、擔任專業的助人者，但是將自己定位在有技術的「匠工」角色；另外一種是帶著夢想進來，卻在實際接觸更多當事人（尤其是碩三實習）之後，卻發現自己沒有助人的熱情，也無法給予當事人有效的協助。此外，還有一種現象正在發酵，就是雖然現在有許多管道可進入諮商師培育課程，但是想下苦功的不多，甚至有潛在學生申請之前會先來電詢問：「課會不會很重？」言下之意就是：倘若太重太累，就不考慮。以是觀之，倘若我們的專業人員的培育是輕鬆上手、沒有紮實功夫做基礎，這樣的專業人員可獲得公信否？我們又期待他們發揮什麼功能？

　　許多學習諮商的同學都認為諮商就是要講究技巧，因此即便上了碩士班的課程，學生還是會執著於技巧這個迷思。郭麗安（2019）也提到自己展現一個諮商現場的錄影讓學生觀看，學生卻很不耐煩地催促：「趕快轉到技巧的部分。」讓諮商師教育者很傻眼。若是要說諮商最關鍵的技巧，我會認為「傾聽」最重要，因為唯有諮商師願意放下一切、懸置自己的想法與價值觀，用心且專心去聆聽當事人，接下來需要做些什麼就可以自然展開。再則，諮商師的觀察能力很重要，不要只是專注於當事人口語所表達的，而是要注意到當事人從進

入諮商室（或等候區）開始的一言一行，可以讓治療師更清楚有關當事人的一切或需要留意的部分（如當事人的體格與精神、眼神飄散或極度焦慮），同時也可以讓諮商師看見當事人的性格或優勢（如當事人是否與諮商師有眼神接觸、敲門或問好、待人接物的禮儀），讓諮商師有許多可以開始談話的切入點；此外，當事人也會將其在諮商室外的人際模式帶進來，給予諮商師另一個參考點。

諮商技巧需要有熱情做基礎，而不是冷冰冰地進行，但是要維持持續的熱情不容易。技巧的部分是最容易進步的，平日在訓練課程或是日常生活中，就可以多做練習，甚至運用在與重要他人的互動上。學習諮商的同時，也能讓自己的生活因為融入諮商而更適意。

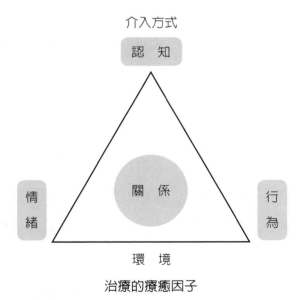

治療的療癒因子

註：關係占60%，環境占40%的療效（連廷嘉，2019）

心靈小站

了解「自己的模樣」或是「自我知識」（Corey, 2001），知道自己是誰，也是發展自我獨特諮商型態的起點。

1-2 新手諮商師的挑戰

　　新手諮商師（包含實習生）對於自己臨床上的表現會感到焦慮是正常的，通常解決方式除了接案前充分準備外，心態上也要適當安頓，不要太具得失心。Nystul（2006）提到新手諮商師一些常見的問題，包括：（一）容易聚焦在當事人所提出的第一個問題，而忽略其他；（二）未做縝密觀察，因而忽略了當事人一些身體與醫學上的線索；（三）太過於企圖拯救當事人脫離苦難，忘記了自己身為治療師的角色與步調；（四）有完美主義傾向，很擔心自己的表現或當事人對自己的觀感；（五）對當事人有不切實際的期待，希望當事人有進步或改變；（六）急於試驗新技巧、容易被最新進的技巧所困惑，忘記當事人的現狀與脈絡是否適合；（七）在諮商過程中迷失，不清楚要將當事人帶往何處、依據為何；（八）使用不適當的用詞（如未顧及當事人發展狀況、使用專業術語等）或問太多問題；（九）太渴望協助當事人或希望被當事人喜愛，忽略自己的專業及任務；（十）容易過度同理、捲入當事人的情緒之中，或是將當事人的表現「個人

化」（認為是針對自己而來）；（十一）不能區分當事人狀況正常或不正常，是否應轉介或做進一步診斷；（十二）不確定應否自我揭露多少與時機，或是哪些情況應該保密；（十三）不熟悉多元文化與議題（如以異性戀角度看親密關係），將當事人的背景單純化（背景有許多複雜因素的互動與交織），造成誤判。

一、焦慮是正常反應

　　新手諮商師因為太過焦慮，急著要把當事人「治好」，或者是自己有完美主義傾向，常常在進入諮商室、與當事人做第一類接觸時，忘記了可以觀察的重要線索，導致有些諮商師會問「太多」問題，或是經常停頓、沉默時間過久，或者是自說自話、毫無邏輯。當然這並不是說資深諮商師就不焦慮，而是接受焦慮，儘量不讓焦慮影響到自己的工作。此時，諮商師不妨做一些簡單的深呼吸或正念冥想，讓自己的情緒可以稍稍沉澱下來，然後打開五官、好好觀察眼前的當事人，慢慢就會看見更多可以著手之處。

　　諮商師的焦慮通常來自於擔心不熟悉當事人議題、不知如何處理、自己對治療成果的期待，以及當事人的反應。基本上諮商師所接觸的都是在生活上面臨瓶頸或是困阨的當事人，所聽到的故事當然也不賞心悅目，因此沒有情緒是不可能的，但是要隨時覺察，以免讓自己的價值觀或是個人經驗影響了治療過程及當事人的福祉。有些新手諮商師常常會將治療成效視為自己的單一責任，其實在治療中責任是

會轉移的，也就是諮商初期是治療師承擔大部分的責任，然而進入諮商中期則是將責任慢慢移轉到當事人身上。這說明了現代心理治療裡的「平權」關係。諮商師很重要的職責是「讓當事人成為治療過程中的積極主動參與者」（Corey, 2001, p. 23），也只有當事人主動參與，改變才更為可能。

二、太過急切想協助當事人

　　新手諮商師往往在沒有全盤了解當事人遭遇的問題、試圖努力解決面臨的挑戰之前，就急著為當事人想辦法、提建議，這樣的結果往往適得其反。許多當事人在生活中已經不乏這些熱心提供建議的親朋好友，可能這些方式他／她都已經嘗試過了，效果不佳、甚至讓情況更糟糕，所以才會走到諮商師面前來。諮商師需要了解當事人曾經做過的努力，以及他／她有解決問題的能力（只是暫時卡住而已），而事情的發展可能已經到不得不求助的地步。我們身邊的重要他人，都想要盡一己之力、讓我們好過一些，但是常常在不清楚事情始末或脈絡發展的情況下，或者沒有花心思去理解我們所遭遇的困境與考量，亂下處方，這些想要協助的初心就成為壓力源之一。

　　諮商師在面對當事人時，要先紓解其焦慮與緊張，營造一個安全自在的環境，讓當事人身心可以「安在」，接著就把舞台讓給當事人，由他／她來主導諮商方向，諮商師只要專心認真聆聽，適時提問，就可以協助當事人把故事較完整地鋪陳與說明，也可協助諮商師

了解當事人在經歷事件過程中的情緒與想法,做出適當回應。

　　不要急著為當事人解決問題,而是願意花時間去傾聽、了解,除非當事人要求諮商師協助提出藥方,要不然貿然建議或要當事人改變,只會讓當事人卻步、破壞治療關係,讓當事人覺得在諮商師面前是無能的。每次接案、面對當事人,諮商師會輕微的緊張是可以容許且理解的,有時我會在當事人面前坦承認自己的焦慮,來同理當事人的焦慮:「不是只有你/妳會緊張而已,我也會緊張,擔心自己是否能夠幫助你/妳。」

三、太想討好當事人

　　有些新手諮商師很擔心當事人不喜歡自己、可能會提早結束治療,或擔心當事人認為治療無效及滿足自己的諮商時數問題,所以在治療過程中反而會將焦點放在自己身上,卻忘了真正重要的事。實習生會擔心是否能幫助當事人或是當事人下一次會不會出現,因此忘了好好聆聽當事人的故事,甚至急切想要討好當事人,讓當事人對自己印象深刻。當這些蕪雜的思緒盤旋在實習生腦中時,整個治療過程就可能失焦,反而讓實習生更挫敗。通常我們會提醒實習生,不要讓自己的焦慮影響接下來的工作,讓自己冷靜下來、深呼吸,接著就儘量專注於當事人敘說的故事上,若中間又閃神了,記得回到現場。

　　許多實習生會將諮商場域的氛圍弄得很嚴肅,當然當事人帶來的問題都不輕鬆,但是不需要將諮商氣氛搞得嚴肅而深沉,諮商師也要

讓當事人覺得是精力充沛、準備好的。也因為諮商師擔心當事人對諮商或自己的反應，所以在應該使用面質或挑戰時不敢使用。雖然面質與挑戰是在治療關係建立後使用較佳，但並不表示不能使用；面質與挑戰可能引導當事人說出真心話或真正關切的議題，因此不必要綁手綁腳。

新手諮商師面臨的挑戰（Nystul, 2006）

挑戰	說明
聚焦在當事人所提出的第一個問題	有時候當事人只是試探，在尚未信任諮商師的情況下，只提出一些枝微末節的議題，需要諮商師仔細聆聽
忽略了一些身體與醫學上的線索	認為諮商是唯一解決之道
企圖拯救當事人脫離苦難	像是為當事人掛保證、提供立即的建議或是阻止當事人有強烈情緒表現
有完美主義傾向	害怕犯錯或讓自己難看
有不切實際的期待	像是認為當事人應該會有進展，卻發現不是如此
容易被最新進的技巧所困惑	將其使用在所有當事人身上，沒有注意到適不適合
在諮商過程中迷失	像是當事人談論太多不同的議題、諮商師認為自己沒能幫上忙
使用不適當的用詞	像是「我知道你／妳的感受」，事實上卻不能感同身受
問太多問題	急著要了解當事人的一切，卻讓當事人覺得自己在受審問

新手諮商師面臨的挑戰（Nystul, 2006）（續）

挑戰	說明
太渴望協助當事人	像是諮商師比當事人更努力、也常常把當事人的問題帶回家
想要被當事人喜愛	擔心當事人認為自己專業度不足，下回不來了
捲入情緒之中	受到當事人經驗的影響，陷入當事人的情境中、無法做客觀判斷
太個人化	以為當事人的一切都是針對自己
不能區分正常與不正常	像是未能判定當事人的情況是否應該住院治療
不確定應否自我揭露或保密	專業的倫理敏感度不足
不熟悉多元文化與議題	沒有顧慮到當事人的背景文化，容易犯了不該犯的錯誤

新手諮商師會面臨的挑戰（Corey, 2005）

挑戰	說明
處理自己的焦慮	擔心與當事人間的不確定未來以及自己的專業能力是否可以勝任？
自我揭露的程度	怎樣才是適當的揭露？太少可能難與當事人建立信任關係，太多當事人會懷疑其動機或專業性
完美主義	害怕犯錯、未能處理好當事人問題
對於自我能力的了解	不太清楚自己會什麼，也不知道自己可以為當事人做些什麼
如何處理諮商過程中的沉默（或了解沉默的功能）	急著填補空間與沉默，說太多或是太急躁
對於當事人的要求該如何應對	需要討好當事人或讓當事人喜歡自己嗎？

新手諮商師會面臨的挑戰（Corey, 2005）（續）

挑戰	說明
對於不肯承諾的當事人應如何處理	若當事人不能承諾（改變），是不是就表示諮商無效或是諮商師無能？
是否能忍受曖昧不明的情況	很擔心沒有明確的目標或結果
太擔心當事人的情況	將當事人問題個人化或是將當事人問題帶回家
如何展現適當的幽默	當事人會不會認為諮商師將問題小覷？或是諮商師在嘲笑自己？
該如何與當事人分攤責任	當事人才是改變的主角，但是卻又期待諮商師可以協助其改變
如何避免太早或太容易給建議	諮商師因為急於協助，因此可能在不了解當事人真正的情況下就輕易給出建議，同時也忽略了當事人解決問題的能力
成為諮商人的定位是如何	諮商師不太清楚自己可以協助當事人的範圍是哪些？有些諮商師急於「替」當事人解決困境、忘了當事人才是動手改變的主角
如何適當使用諮商技巧	基本諮商技巧要熟練，但是不應以技巧取勝，只要多加練習，即便可能犯錯，慢慢會較迅速修正
如何發展自己的諮商型態	諮商師對自己要很了解，也要對一些可以解釋自己經驗的學派有更深的涉獵，就可以慢慢發展出自己的諮商型態
如何做自己與專業助人者	諮商是一種生涯選擇，做自己與諮商師應該是同一人，需要經驗與生活的歷練讓自己更清楚選擇是否正確

新手諮商師最常出現的焦慮（Corey, 2005）

- 不清楚自我揭露的程度與時機。
- 完美主義。
- 不了解自己的限制為何。
- 急著填補空隙、不明白沉默的意義。
- 對於當事人的要求不知如何因應。
- 對於未能承諾改變或負責的當事人有疑慮。
- 不能忍受曖昧不明。
- 害怕失去當事人。
- 太嚴肅、沒有適當幽默。
- 未能與當事人分攤責任。
- 太急於給意見或建議。
- 不清楚自己諮商師的角色。
- 不知何時或如何使用技術。
- 不清楚也不知如何發展自己獨特的諮商型態。

給新手諮商師的建議

- 好好練習傾聽。
- 培養自己的觀察力（從小事件中去觀察）。
- 撰寫覺察週誌。
- 培養建立關係的能力。
- 將所學先運用在自己身上。
- 團體領導工作的增能。
- 自我議題的整理。
- 自我效能的評估。

心靈小站

新手諮商師常常掙扎於：專業上的概念地圖不足，強烈的表現焦慮與害怕，情緒界限的鬆散或僵固，脆弱、不完整的專業自我，完美期待（以上皆與自我狀態或個人情緒相關），以及過度擔心被專業守門人檢視、亟需正向良師（以上與學習過程的資源及受訓觀感有關）（Skovholt & Ronnestad, 2003；引自許育光，2012, p. 39）。

第二部分

諮商師實習課程的重要性

2-1 諮商師培育機構的把關責任

諮商師培育機構的教師常常擔任專業「守門人」的角色，希望可以藉此保護消費者、避免對其造成非預期的傷害，而美國許多諮商研究所對於諮商師訓練課程更趨嚴謹，有時候還會做出開除的動作，雖然冒著被學生訴訟的危險，但是為了保障當事人的福祉與社會大眾對諮商專業的信賴，還是需要祭出這最後一招。當然，在此之前，諮商師培育機構與學校還是會讓學生有機會補足相關知能，只是他們也發現許多學生的個性特質是很難修正的，而在美國不同法院對於開除學生的認定也不一（Corey, Corey, & Callanan 2011/2013）。我國諮商師培育機構基本上是很仁慈的，不願意拂逆學生對專業助人生涯的意願，總是高高抬起、輕輕放下，但是若從服務大眾與福祉的專業立場來看，諮商師既然是醫事人員，就如同其他專業人員的訓練一樣，必須要負起法律及社會責任，因此嚴格訓練是最基礎的負責態度。

一、把關是倫理責任

Forrest等人（1999）認爲教師與臨床督導的倫理責任在於（引自Corey et al., 2011/2013, p. 317）：注意受訓者個人問題導致傷害他人之可能性，確認受訓者未傷害其當事人或其他利害關係人，注意受訓者可能誤用其影響力，評量受訓者是否表現出負責、有能力與符合倫理之行爲，清楚說明明確的專業準則，並依據這些明確的準則要求及評估受訓者。Forrest等人（1999）從過去研究中也發現，被開除的諮商所學生大多是：學業及臨床表現不佳、人際關係不良，以及有不合倫理之行爲；情緒不穩定、人格違常、精神疾病與非專業的態度（引自Corey et al., 2011/2013, p. 317）。

在校督導或教師常常基於與學生較緊密的關係，或是本於教育的寬容態度，總是希望給學生第二次機會修正，但是即便提供了修正機會（如重修），有些學生不是不領情，就是仍然無法達成所要求的標準。多年來，學生經常因爲在實習現場表現不佳（工作態度、臨床技巧、個性不馴等），而遭受「退貨」的事實，還有學生是進入諮商所之後，才發現要成爲專業助人者需要經過嚴峻的考驗而退縮、打了退堂鼓。在校教師若提早發現有個人議題未解或態度欠積極的學生，通常會適時予以規勸，甚或要求學生去做個別諮商、自我整理，然而隨著世代更迭、價值觀改變，有些學生根本不予理會或認爲教師故意刁難，這樣的準諮商師也只能讓市場機制來淘汰，守門員也只能盡量努

力把關。

　　Gaubatz與Vera（2002）發現若機構有正式標準程序的訓練課程（也就是設計良好的把關程序），會減少品質欠佳學生的畢業人數（cited in Corey et al., 2011/2013, p. 317），然而最終還是把責任放在諮商師培育機構或系所。西雅圖大學的諮商與學校心理學系發展一個評量表格，在學生入學前、實習前及實習中三個學期結束前都做評估，因此學生很清楚自己需要完成的能力與項目；這個表格是用來評量學生之人格與專業能力，包含三大項目（分別有六到八題）——諮商技巧及能力、專業責任與個人責任（Corey et al., 2011/2013, pp. 324-326），此外還需要有態度的評量，才能夠做更完整的評估。許多學生只注意到自己的臨床技能，但對於自身爲何從事此行業、如何維持熱情不滅，卻沒有審慎檢視與改善。

　　國內對於不適合或適任的學生，諮商師教育者在學生進入研究所課程時就仔細觀察，並與其他同僚交換意見，甚至建議學生找諮商師先做自我整理，以免自我議題造成往後實務工作時的反移情或妨礙了治療關係與成效，但因爲都是站在「建議」或「勸說」的立場，沒有強制性，學生當然也有自己的選擇。有些老師會在學生做兼職實習時，與督導緊密聯繫，看學生待人處事與進步的情況如何？實際接案的能力又如何？倘若學生的確有許多無法解決的障礙，可能就會讓學生不及格，讓他／她還有機會做準備，當然學生不一定認同。有些老師會以碩三學生無法順利申請到實習機構爲理由，要學生仔細去

思考自己是否準備好要實習，對於進入助人專業這一行有無再考慮之可能？畢竟碩三是全職實習，若中間有任何閃失，可能就無法順利完成，而這是投考諮商師執照的必要條件。當然有些學校還是會做另外的選擇，像是學生若無法申請到機構實習，就會運用教師本身的人脈，讓學生有機構進行實習或安插至培訓學校的諮商中心「嚴格看管」，事實上這樣的決定不只無法協助到學生（學生日後發現自己所學不足或無法順利任職，是不是會怪罪該師或機構？），也嚴重違反專業倫理，對廣大的社會大眾失信、損害專業聲望。

二、多元入學增加變數

目前許多諮商或輔導所採用多元入學方案，除了考試之外，還有甄選入學管道。許多應屆畢業生或非本科系學生，通常是考試的常勝軍，經由考試管道入學。本科系畢業生每個人的修習情況不同，但因為缺乏臨床與社會經驗，有時與同儕間的競爭關係反而造成碩班學習時的阻礙；經過補習班淬鍊而考上諮商所的非本科系學生，因為只是靠認知與背誦過關，即便系所要求其下修若干課程，但是基本上缺乏人類發展或心理學的基礎，這些下修課程或與研究所所開設課程重疊（如同一學期可能上大學部諮商理論與技術、碩班諮商理論），其真正效益不大。經由甄試與面試入學者，在人生歷練與經驗上較佳，韌力與容忍度夠，但因為受到之前受訓背景或典範（paradigm）（如社工、商管或機械）的影響，要立即做思考的改變有其難度，也會對

其學習諮商有阻力；加上經由甄試入學者，年齡較研究所同儕要年長，有些幾乎相差二三十年，在觀念與價值觀上會有許多歧異，若是一起上課或帶團體（甚至在同一機構實習），也就有許多需要磨合處。

　　近年來學生素質下降已經是不爭的事實，加上學校要系所增加錄取名額以平衡收支，更為研究生的產出品質添加變數；而科技電腦時代的學生習慣在網路上「下載」與「卸載」資訊，不相信下苦功或基礎功夫，在研究所申請與考試階段，常常會接到詢問的電話，其中不乏：「請問你們的課會不會很重？」之類的提問，讓人無言以對！抱持這樣價值觀與態度的學生進入碩班進修，可以想見其成效。

三、針對入錯行者的彌補措施

　　有些學生即便考上諮商所，但不一定能順利畢業，有些則是無法完成碩三的諮商實習，無法取得投考諮商師的資格。即使學生無法完成碩三的諮商實習課程，系所通常也會有彌補措施（畢竟不是每個人都適合擔任諮商師）──只要學生完成論文，還是授予碩士學位，只是無法具諮商師考照資格。我們系的諮商組學生最常敗在論文的完成上，有學生是因為無法承受課程壓力而選擇退學，也有學生是因為缺乏助人熱忱而提早退場。

　　有效的諮商師訓練課程（整理自Corey et al., 2011/2013, pp. 310-313）如下：

- 兼具學術與個人學習,結合教導與經驗取向,並整合研究與實務。
- 適當與完整地評估學生學習成果的標準與方式。
- 授課教師展現對不同的理論見解。
- 訓練方案可供學生應用於各類當事人與議題。
- 提供具有支持與挑戰的環境,挑戰學生檢視其態度與信念。
- 提供機會給學生拓展其對自我與他人之覺察。
- 鼓勵學生建構其生活經驗與個人優勢。
- 告訴學生自我照顧的重要性,不斷強調健康概念並在生活中履行。
- 重視倫理教育。
- 教師的身教與示範。

諮商師需要覺察以下可能干擾我們協助當事人的因素(Corey, 2016/2016, p. 40)

覺察項目	說明
自我的需求	犧牲或利用當事人來滿足自我的需求(如性慾、控制與權力、需要被喜愛或覺得重要、有聲望等)
未竟事務	過去未曾解決的關係情結,只要當事人像自己的重要他人或當事人所呈現的議題與此有關,就會干擾治療關係或結果
潛在個人衝突	自身有一些矛盾的想法或感受,但是沒有察覺,在諮商過程中會常常出現、受到干擾,影響對當事人的判斷
反移情的來源	將自己對重要他人的情緒投射在當事人身上,或是對待當事人如某些重要他人,通常與自身的未竟事務有關

督導形式與特質（Friedlander & Ward, 1984; cited in Eisenhard & Muse-Burke, 2015, p. 62）

具吸引力的	人際敏銳	任務導向
友善、彈性、可信任、溫暖、開放、支持、正向	直覺性強、投入、覺察、反思、創意、善於運用資源、療癒性	具結構性、聚焦、目標導向、描述性強、周延、明確、善於評估、對話性、實際、具體

心靈小站
美國諮商師訓練課程內容包括：專業定向與倫理實務、社會與多元文化、人類成長與發展、生涯發展、助人關係、團體工作、評量、研究與方案評鑑（Corey et al., 2011/2013, p. 311）。

2-2　選課注意事項

　　許多諮商所學生通常只針對諮商師考試科目做努力，也就是以考試必考科目為首要原則，大大限縮了自己的修課範圍。雖然系所也開設了一些選修科目或不同學派理論與實務的課程，但是學生很喜歡一窩蜂選修很夯的課程（如心理劇、後現代、遊戲），而這些課程雖然有三學分，仍然需要學生額外花時間去閱讀以及參加系統性的訓練，才足以應用；再加上學生沒有下功夫去認識與了解自己、考慮適合自己取向（如認知行為、人本）的學派或必須要運用（如生涯諮商）的課程，以及學校對於學生修習課程學分的限制、系所開設的課程不足（或不具吸引力），導致碩班學生在實際進入臨床實習現場時，會有

所學不敷應用、無法展現有效協助的結果。即便課程只有一學期三學分，基本上授課教師除了主要教科書之外，還會列出許多參考書目或資料，學生若可以同時閱讀這些參考書籍，就可以讓自己有機會更深入了解課程主題，這其實也與我國學生的學習態度（較為被動）有關。

許多學生在實習時都會選擇學校（國中小或高中）或大學（專）學生諮商中心服務，這都需要生涯諮商的知能，但是有些學校的生涯諮商課程若無教師的宣導或警告，常常無法開成，使得學生在進入實習現場之後才發現缺少重要知能。可以用閱讀或上課方式來補足當然不錯，怕的是駐地督導要求其進行生涯諮商或生涯團體，曝露了學生無法設計、更遑論執行等的難堪之境。倘若要進入小學或是社區諮商中心實習，遊戲與家庭治療的知能可以讓自己配備更好；我們鼓勵學生修習家族治療與多元文化課程，其立基點就是拓展學生觀點、用生態脈絡的角度來看待每一個人，較不容易將問題窄化。

非本科系學生進入諮商所，即便被要求下修大學部（心輔系或輔諮系）的相關課程，但是仍以諮商相關課程（如助人歷程、諮商理論、個別或團體諮商）為主，而不是最基礎的普通心理學、發展心理學、人格心理學或社會學等，不僅造成在研習諮商理論時要多一些摸索及理解時間，實際上在個案概念化時也會有許多不足。再則，許多課程都只是「入門」或初階課程，要更清楚或做深入了解，還需要多閱讀、看研究、與教師或諮商師討論。有些學生願意去參加校外類似

助人專業的訓練（如張老師或生命線）、不同學派或主題的訓練課程或工作坊、演說等，當然也是增厚自己實力的不二法門，只是需要多花時間、金錢與心力，對大多數研究生來說是較爲奢侈的做法。學生若修課範圍不廣或是認眞度不足，往往在實習過程中顯得極度沒有自信、焦慮，且擔心犯錯，甚至因此失去對諮商的熱忱。其實這些都可以在之前就提醒諮商學習者的學習態度。

選課還可以朝向未來生涯預計服務的場所或對象來考量。目前許多學生都希望可以走社區路線，甚至自己開業，那麼就需要思考自己將來可能服務的族群、需要具備的能力或專長。倘若學生想要到學校擔任專輔教師，除了修習不同層級學程的課程之外，在國小服務，兒童與青少年發展與治療、遊戲治療或表達性治療是必備的能力，若是到國高中以上，生涯教育與諮商是必要的。當然，光是靠修課大大不足，自己還要多花時間與心力去鑽研。

2-3　實習課程的重要性

實習是報考諮商師證照的必備資格之一，考驗實習生臨床與行政事務的能力，同時也是檢視實習生本身是否適合在此生涯繼續發展的重要參考，而學生對於實習所抱持的態度，自然也會影響接下來的實習成果（朱羿靜，2019）。倘若某學生只想要實習項目與時數達標，不願意多做努力與奉獻，而另一名學生想要儘量多學、即便多花

時間與心力在實習機構也願意，這兩者的態度就會影響其後面的結果。實習課程是檢視學習成果以及臨床運用的重要課程，也是將課程所學的理論與實際實務做連結的重要步驟。實習同時也是準諮商師走上專業之路的開始。

一般的實習課程分爲「兼職實習」（課程實習，practicum）以及碩士三年級的「全職實習」（internship）。研究所階段，每個學校的規定不同，但是至少規定「兼職實習」一次，有些學校則是將兼職實習分爲（一）跟（二）兩個學期，而「全職實習」是一致的——也就是需要實習一年（也是考諮商師執照的必備）。到底實習課程應該先讓學生有見習、練習的機會？還是直接讓學生上前線去做第一手的服務？到目前爲止沒有一個統一的答案。有些學校是先讓學生上「諮商實務」的課程，有點類似爲兼職實習做準備，主要目的是銜接學校所學的理論與臨床實務。實務的課程（如個別諮商、家族治療、兒童與青少年諮商、不同取向諮商等）除了由課程老師主導，讓學生能更密集地練習諮商技術、統整理論概念之外，也可以讓學生到不同機構，在教師或駐地督導的協助下、做一些諮商義工的服務工作，讓學生準備好「上工」。

多年前碩班學生到某一所公立高中兼職實習，該校督導（也是諮商師）都先訓練學生一些諮商基礎技巧、個案概念化一兩個月之後，才正式讓學生接案，這樣的處理方式是很恰當、也較符合專業倫理，也類似「諮商實務」的課程。我非常感謝這位實習督導的嚴謹態度及

給學生的「職前訓練」，這樣不僅讓學生更有準備、增進自信，保障了服務族群的福祉，也顧全了專業倫理規範。以往研究生是本科系畢業，就已經需要經過這樣的「轉銜訓練」後，才可以正式上工、接案，現在的研究生來源不限、非本科系者居多，即便下修幾門課程企圖將基本知識補足，但仍大大不足，因此更需要類似的「轉銜訓練」。

若要學生直接上線服務，學生當然會焦慮憂懼，深怕自己做不好，然而「做中學」（learning by doing）也不啻是一個精熟諮商知能的方式，但是也牽涉到專業倫理與學生準備度的問題。我二十多前在國外的諮商實習，系所只規定需滿足一個兼職實習課程（二學分），但是可以重複上這一堂課，博班的規定也是如此，也就是規定下限、但不規定上限，可以讓學生有更多練習實務經驗的機會。

在兼職實習之前，有些系所開設有「專業定向」與「見習」課程，目的是讓研究生可以深入探索自己的生涯目標與興趣能力，也從觀察者開始、了解諮商助人歷程與做法，這些課程為的都是希望讓學生對接下來的實務現場較不畏懼或焦慮，進一步讓其在臨床表現上更得心應手。

通常國內的兼職實習是在碩二開設的課程，分為一學期或上、下兩學期的課程。對於兼職實習的同學，學校教師（或「在校督導」）及（實習機構）駐地督導的期待，通常是希望同學可以在駐地督導的緊密協助下，以及課程督導的輔助、修正中，慢慢讓自己的專業知能

成長與紮根，這樣的話就可以因應碩三的獨立全職實習。一般碩士班第一學年的課程，大概只有諮商理論與技術、助人歷程、研究法等基礎課程，尚未進入較實作導向的進階課程（如個別諮商、團體諮商、家族治療），因此所學不足以因應實習現場的臨床狀況；加上目前許多研究所以多元管道歡迎不同學習背景者加入，大家在立足點上就不一致，要求在實務工作上馬上上手，的確違反常理，因此無論是駐地或在校督導對於學生的要求不會太高，總是以教育及支持、協助的立場儘量努力。

屏東大學諮商所的碩一兼職實習分為「上」「下」兩學期，開設在碩二課程。初次修習實習的學生，通常懷著戒慎恐懼的心情，開始接觸臨床工作，有些駐地督導會先做基礎接案訓練之後，再讓學生接手，或是篩選個案，讓實習學生先從較不複雜的案子開始。駐地督導的考量是：畢竟實習生所服務的對象是自己學校的教職員工與學生，或者是一般社會大眾或心理疾病患者，因此必須要特別謹慎小心，防範不合格的服務，也避免傷害當事人及其福祉（這也符合專業倫理原則）。但是多半的實習機構沒有這一層考量，甚至全權交由駐地督導負責，也讓督導承受過多的壓力。

學生到校外做兼職實習，主要是獲得臨床經驗，將在校所學的理論與技術和實際的情況做結合，同時也慢慢摸索出自己的核心理論取向，更清楚自己是誰，自己的習慣、價值觀、處理事務及與人互動的方式，因此督導除了每週固定與學生在督導時間討論正在進行的個案

或團體等實務工作與行政之外，有許多部分需要連結到實習生本身的個性、思考，甚至適不適合做諮商這一行？而在學校進行課程實習的時段，基本上學生跟老師聚在一起就是一個很好的「團體督導」的機會，上課的學生若能夠很誠實地談論自己在實習機構的經驗（包括接案、與人互動、處理行政業務或者是設計方案），這些都是很珍貴的資料，可以藉由課堂的分享，大家互相討論、學習，這也是諮商學習最快速的方式之一。畢竟每個人在不同機構所接的案子不一樣、處理或遭遇的人事物不同，這些第一手的經驗都可以藉由課堂的互動溝通、彼此學習，同時由於在課堂上大家都是實習生，基本上這也是一個很大的支持團體或問題解決、腦力激盪的場域，可以減少實習生的許多焦慮與擔心，甚至願意在大家支持與前人成功經驗下，踏出行動的第一步。

當然在學校上實習課程，許多學生擔心自己是被評分者，萬一揭露太多自己的不足或弱點，面子上掛不住，也擔心他人對自己的評價，這樣的情況當然也會發生在實習機構駐地督導與實習生之間。因此如何在誠實與學習之間取得平衡，的確需要靠實習生的抉擇與智慧。

大學部的諮商心理實習（或「實作」課程），當然也連結了學校學習與實務的經驗。因為許多心理或輔導科系的大學部學生比研究生有較長的時間待在學校，而系所在課程的設計上也較有組織、邏輯及系統，所以等到他們大四要實習的時候，前面的預備工作已經做足

了，只是缺乏實務的接觸或現場的經驗而已；再加上大部分系所會安排學生在大學階段從事義工服務，不少系所就會讓學生去接觸未來服務的族群（如學生或老人），因此多多少少可以應用自己在校所學，也比較不害怕人群。有些大學的諮商心理實習（作）只有一次，有些則是分為（一）、（二）兩學期，學生只要修一次課就可以滿足規定，但是對於想要擔任專業輔導教師的同學，教師基本上都會建議選修（一）、（二）兩次的實習課程，讓自己的配備更充足。許多學生在修第二次的實習課程時，感覺較得心應手、較熟悉實習機構文化與服務族群，接案效率也增加。

　　大學部的實習場所還是限於學校（國中、小較適當），當然也有少數會到社福機構，只是目前絕大多數社福機構只有社工師，較少有諮商師的設置，因此在駐地督導的部分就會有較大的問題（通常諮商實習是希望有諮商師擔任督導），況且社工（心理師、醫師）所看的、評估的與諮商專業不同，對學生來說也不公平。雖然學生可以另外找諮商師或輔導人員擔任督導，但是需要額外付費，與督導時間上較不容易做協調，而這樣的外聘督導不在實習現場，所觀察到的也有限（可能只憑學生選擇性自我陳述），尤其是在危機情況下可能無法及時聯絡上外聘督導，而學生在實習現場又無他人可求助，因此也不適合。

　　質疑自己的能力，甚至有時候感覺到自己的無能，是新手諮商師常有的感受。實習的目的是：（一）提供你一個不同而有意義的學習

機會；（二）可以在實習場域獲得特定的專業知識，並練習將自己所學的理論在臨床中應用的機會；（三）提升專業技巧發展（Corey & Corey, 2011/2013, p. 365）。對國內諮商實習生而言，也是建立自己專業網路、名聲與人脈及資源的重要環節。實習就是讓學生在有監督、指導與保護的大傘下，展開理論與實務結合的第一步。

諮商實務課程理想內涵
・不同理論之個案概念化訓練。
・個案資料蒐集方式。
・進行初次晤談。
・個案紀錄撰寫。
・不同類型個案演練。
・諮商過程演練。
・心理衛生與班級／團體方案規劃、執行及評估。
・測驗與生涯諮商需注意事項。
・溫習與了解診斷或評鑑技巧。
・相關媒材（如牌卡、遊戲）使用或介入方式與目的。
・提醒與覺察可能涉及的倫理與法律議題。

兼職實習課程理想內涵
- 基本功的練習（如傾聽、同理、摘要、立即性、挑戰等）。
- 敦促學生補足基本課程知識背景（如人類發展、心理學、人格心理學等）。
- 讓學生針對不同個案進行與了解個案概念化。
- 提供學生角色扮演機會、進行實際諮商演練。
- 補足學生班級輔導相關知能（包括班輔設計、班級經營與善用酬賞制度）。
- 鼓勵學生參與不同校外團體，體驗及觀察團體諮商的過程。
- 將實習課程當作不可多得的「團體督導」機會，坦誠交流、彼此提供意見或可能的做法。
- 針對學生服務對象不同，了解服務對象的發展任務或主要關切議題為何。
- 臨床實務與倫理法律的議題。

心靈小站
學生選課常常因為考試科目而限縮，倘若要成為更具效能的諮商師，就趁著學生時期多學一些，而且在校學習通常所付費用最少、資源最豐富。

2-4 如何從實習中獲益

　　許多研究生對於實習摩拳擦掌、躍躍欲試，但同時又有許多的焦

慮及擔心：一旦自己在實務現場表現不足，或者有些事情無法處理的時候，該怎麼辦？實習其實就像一種「師徒制」，有在校及駐地督導雙重的保護與協助，其目的就是要讓實習生能夠慢慢長出自己的力量與自信，也從經驗中培養勇氣與智慧，真正接觸到並有效協助當事人。實習也是一種「做中學」，將在學校所學的與臨床實務做結合，這樣的第一手經驗是無法取代的！實習中的學習包括人際關係、團隊合作與競爭，行政實習的待人接物、接洽，專業的學習包括參與工作坊、研習或演說、閱讀等，另外不忘經營支持系統，這樣在自己需要時就可運用（包括家人、同儕、親密伴侶或者是諮商師）（鄭楦縈，2019）。然而，如何從實習中獲益？Corey 與 Corey （2011/2013, pp. 361-362）提到：

1. 接觸各種實習機構，避免限制自己只服務單一族群。

2. 參與一些可以為自己的實習工作做準備的課程和工作坊。

3. 讓自己融入實習機構，而不要期待機構來配合你。

4. 留意工作對你身心上的影響，有些生命議題也許會在與當事人工作時出現。

5. 在專業訓練範疇之內提供服務，並尋找接受督導的機會。

6. 試著在接受督導的情況下與不同的族群工作，並保持技巧的彈性。

7. 讓你的專業理論可以符合當事人的需求。

8. 不要把你不喜歡的實習經驗視為是浪費時間。

9. 與社區連結，學習如何使用社區資源以及如何在機構外尋求支持系統。

10.試著撰寫日誌，記錄你在服務中的觀察、經驗、疑慮及個人的想法。

11.開放自我去嘗試新的事物。

12.找尋將課堂所學的知識運用於臨床工作的機會。

13.必須要有心理準備，做一些期待上的調適。

14.將實習工作視為你受僱於該機構，展現責任感、準時與個案工作及參與會議。

15.儘可能地了解實習機構的組織，詢問機構的政策、方案執行方式，以及對工作人員的管理。

16.了解機構系統的運作方式以及評估你如何在系統中成功地扮演你的角色。

17.自我導向的方式思考及行動，讓自己投入不同的實習活動中，主動參與有意義的任務。

　　實習不僅可以讓自己的專業能力更聚焦且紮實，還可以增進接案的自信，同時更了解自己；其他像是人際關係、專業與行政的學習，也可以建立自己的專業支持系統與人脈。鄭植縈（2019）建議在實習過程中要「甘心情願被機構折磨」，因為自己是要來學習的，而在進入實習階段後要能夠：誠實面對自己、整理與省思，檢視自己的實習歷程，讓自己的專業再進化，同時做自我整合的動作（靜坐、禪

修、旅行都可以），「成為一個『像自己』的治療師」。

　　實習課程開始就是準諮商師為自己未來專業開始鋪路的濫觴。許多諮商師培育機構的老師也提醒實習生需要正視實習的態度、人際關係與作為，當然實習生專業的效能也在此時慢慢累積、培養。因為諮商這個圈子很小，未來諮商師要尋求工作機會，許多機構都會回過頭來詢問諮商師曾經服務過的機構或是學校，了解應徵者實習期間在服務態度以及專業上的情況，特別會針對應徵者的個性、服務與學習熱忱，另外與人相處的情況也是主要的參考觀點之一。實習機構通常就是準諮商師展開其專業之路的重要起始點，而專業聲望與人脈（或支持網路）也正在啟航。

2-5 實習規定

　　碩二「諮商心理實習」（課程實習）分上、下兩學期，需要滿足三百小時的時數，以屏東大學教育心理與輔導學系的實習手冊為例，「諮商心理實習」（一）時數為一百至一百五十小時，「諮商心理實習」（二）時數為一百五十至二百小時，並明確規定全部實習時數中至少要有一百五十小時為「直接輔導諮商或實施心理測驗等專業服務」（p. 11）。碩三實習項目也若合符節，只是在時數上的要求更多。國內的規定有學校之別，有些學校只規定一個學期的課程實習，有些學校則有兩個學期課程實習的要求，即便只有一學期的課程實

習，各校對於學生的準備要求不同，有些學校在學生進入課程實習之前，會先有「見習」或「專業定向」的課程。

實習內容上包括：（一）專業諮商實習（以「諮商心理實習一」為例）——包括個別諮商人十五次、單獨帶領團體十小時、個案評估與心理衡鑑十小時）；（二）其他直接服務——包括班級輔導、督導或訓練他人、心理諮詢及心理衛生推廣等二十小時）；（三）接受督導訓練——包括個別督導、團體督導、個案研究、專業研習等二十小時）；（四）行政工作——包括整理檔案、協助辦理活動等二十小時。而在「諮商心理實習」（二）所規定的時數略多一些，以上項目分別為專業諮商實習（個諮二十人次、單獨帶領團體十五小時、個案評估與心理衡鑑十五小時）、其他直接服務三十小時、接受督導訓練二十小時及行政工作二十小時。課程督導通常會就實習項目與相關細節做說明，而同學若對於實習規定有任何疑問，也都應該隨時詢問、了解與澄清。

碩三的「諮商專業實習」（駐地或全職實習）基本上是學校到業界的重要銜接，是全年的在地實習，其要求滿足的時數是「諮商心理實習」（三百小時）的五倍左右（一千五百小時）。實習生隔週回到學校參與課程、報告與檢討實習經驗，就像是另一種團體督導一樣。不管是碩二的「諮商心理實習」或碩三的「諮商專業實習」，督導都至少有兩位，一位是課程督導（或稱「在校督導」），另一位是專業實習督導（是實習機構所在地之督導，或稱「駐地督導」），兩位督

導的評分各半（占50%）。駐地督導的責任是協助學生認識與了解實習機構、服務對象及需求，並提供有效服務；在校督導則是與學生討論實習議題、增進學生之實務知能，有時協助解決學生在機構遭遇之困難（如與督導間之溝通、實習時數滿足之方式、可能的倫理問題）或補足學生實務的能力。

　　有些服務項目像是個案或團體紀錄，若干系所是將其時間放在「直接服務」的時數內（如個別諮商一小時乘以1.5），或者是將見習納入督導訓練或其他（如繼續教育）。將諮詢他人或擔任諮詢時間放在適當的項目內，修課同學若有不明瞭處，宜隨時請教授課教師釐清。由於輔導工作項目繁雜，不是訂出幾個大類別就可以含括，這些也都有商議、協調之空間，建議實習生在較含糊的項目（如「其他」）內，簡單敘述一下服務內容，以免造成往後認證的爭議。

心靈小站

兼職實習與全職實習是諮商師培育過程中很重要的環節，有些研究生無法完成碩三全職實習，也失去了投考諮商師證照的資格。兼／全職實習雖然都有駐地與在校督導，但是全職實習其實就是增進與檢視準諮商師實務經驗最重要的階段。

碩三實習項目

1. 個別、婚姻或家庭諮商及心理治療。

2. 團體諮商與心理治療。

3. 個案評估及心理衡鑑。

4. 心理諮詢、心理衛生教育及預防推廣工作。

5. 諮商心理機構或單位之專業行政。

6. 其他諮商心理有關之自選項目，包括精神官能症之心理諮商與心理治療、危機處理或個案管理等。

註：總時數一千五百小時以上，前三項需滿足三百六十小時以上。

實習督導條件（以屏東大學諮商所為例）

「諮商心理實習」（碩二兼職實習）（具三項資格之一）	1. 具有輔導、諮商、心理、精神醫學等碩士、博士學位，具輔導諮商實務經驗 2. 具有心理師證照，具輔導諮商實務經驗 3. 在職精神科醫師，具諮商與心理治療實務經驗
「諮商專業實習」（碩三全職實習）	執業達二年以上之諮商心理師，若督導者為臨床心理師、精神科醫師或社工師者，其臨床實務專長需以心理治療為主，並需另外由一位執業達二年以上的諮商心理師共同督導，且時數應占二分之一以上

第三部分

實習申請與準備

3-1 實習前的準備

一、實習前請詳閱實習手冊

實習生通常較在意的是滿足實習項目與時數，但是卻忘記最重要的「督導評量項目」，也就是駐地督導到底會注意哪些實務項目？即使督導是在實習中或結束後才繳交評量表，但是每個學校的實習手冊都附有細項的「督導評量表」（通常有十項或以上），實習生可以依據這些評量標準，大概了解一下督導可能在自己實習過程中想要看到的行為，就可以更清楚實習時該注意些什麼，而不會不知所措。關於實習表現的評估，最完整的是有「起始點」的評估（看實習生的準備度如何）、過程（或形成性）評估以及結果（總結性）評估，在校（課程）與駐地（專業）督導也都會注意這三項，然後觀察學生進步的情況。當然，督導或有自己著重的項目，實習生在與督導接觸的許多時間內也都可以慢慢發現，像是有些督導可能會注意到實習生的身心準備度，所以在督導時間時會先問實習生的狀況、是否有反移情情

況發生，或是有些督導很注意個案概念化，總是會詢問實習生如何看
待一個個案、以什麼角度來評估與處置，還有些督導會注意諮商關
係，因此會將督導重點放在實習生與當事人之間的關係或動力結構。
最好的方式就是在與督導初次見面（填具督導契約）時，了解督導期
待的是什麼？督導的理論或督導取向為何？督導時間會如何進行等等
資訊。

　　一般的實習評估項目不外乎：守時或協助機構輔導行政、人際關
係及諮商關係、參與積極度、諮商技巧之運用與適當性、個案概念
化與處置、諮商倫理、評估與衡鑑、紀錄撰寫、自我覺察與改進行動
等。有些學校還會另外發展出實習生的起始行為與準備度、個別諮商
與團體諮商能力評估、受督者自我評估等量表，其目的都是要了解實
習生的狀況與進步情況，並適時予以修補或修正動作。實習生在了解
自己會接受評估的項目之後，可以更清楚自己在實習工作中要注意的
行為，才不會在實習結束時有太大的驚訝或不解。

二、基礎課程與能力

　　實習前的準備主要是基本的專業知能〔包括理論、助人歷程、
個別諮商、團體諮商、家庭諮商、人生全程（階段）的發展任務等
等〕，而在態度上必須要謙虛、願意努力學習、不怕碰到挑戰或問
題，而且願意為解決問題而努力。目前諮商師訓練課程裡面，比較令
人擔憂的是學生對於人類發展、社會心理學、人格心理學等基礎課

程都不嫻熟（除非是大學相關科系畢業）。許多諮商所將這些科目列為選修，學生雖然較專注於諮商專業課程，但反而忽略了心理學的一些基本功，這其實也會影響到後來諮商理論的學習，遑論在實習現場用最初淺的方式做個案概念化的能力！倘若學生對人類發展有基本認識，在面對所服務的族群時，至少就有一些基本的架構可以使用，然後加上一些普通常識，以及在系所課程的訓練（如診斷、諮商理論等），就可以做初步、較不失準的個案概念化，也不至於在收集資料的時候被當事人牽著走，或者是常常出現停格、空白、不知道要問什麼樣的相關問題之窘境，倘若在資訊蒐集過程中就出現了這樣的狀況，當然會影響到個案概念化與處置計畫等後續動作。

有些實習生對於自己將要服務的族群沒有準備好（像是若進入小學實習，最好能夠對學齡期兒童的發展與目前較容易遭遇的挑戰有所了解，也有遊戲治療的知能），但是許多研究生往往只修過一兩門遊戲治療的課程，然後要他／她立刻應用，不僅能力不足，也嚴重違反專業倫理，因此實習機構、學生本身或是駐地督導可以思考如何讓學生補足這一塊能力。此外，針對不同服務族群，也要因應其發展階段與其次文化，使用對方可以聽懂的語言，而諮商師在關鍵字詞上，最好是使用當事人的語言，這樣可以更貼近當事人，但是有時候諮商師不便使用較為粗俗的字眼或是不熟悉使用詞彙（如「酷」、「貓膩」），最好就不必使用。有些實習生習慣上很喜歡用「你知道我的意思嗎？」或「你聽得懂嗎？」以此方式來檢視與當事人的溝通，多

用了不免有一些貶抑之意涵，因此要特別小心，實習生也需要檢視一下自己習慣的說話方式（如在每一句話之後都會加上「對」），必要時做一些調整。

三、閱讀是汲取知識的便捷之道

另外一個最大的問題是學生不讀書或者是閱讀不夠深入。學生只想要抓出一些要點，就以為是理論的全部，這樣反而很危險。以屏東大學心輔系大學部的課程安排來說，從頭到尾除了有基礎心理學的訓練、慢慢進入諮商專業的訓練，總覽諮商理論的機會至少超過五次（包括心理學、輔導原理、諮商理論、團體諮商、家族治療、兒童與青少年諮商等）。但是目前研究生的來源多元、背景不一，即便系所要求研究生下修大學部的一些基礎課程（如助人歷程、個別諮商、團體諮商），但是幾乎都與研究所的同名課程同時進行，學生會認為內容一樣，願意花費的心力就有差別，加上在研究所的訓練若只憑藉這一兩門課，想要將諮商的理論與實務做結合，其實是有相當大的困難的！因此，諮商師教育者通常會鼓勵研究生多讀、多看、多聽、多討論，即便是諮商理論也可以看十種不同的版本，而當學生慢慢從模糊、分不清楚不同取向的狀況，進入開始了解、可以區分不同理論的主要觀念時，這樣閱讀才算是有收穫，才真正進入理解知識的層次。

我常告訴學生：諮商是處理人世間事，因此任何書籍都可閱讀。學生往往很納悶，認為我在開玩笑。其實這也是我之前在美國受訓期

間發現的。有位督導在閱讀《老子》的過程中與我討論，我當時也很不解，後來他說：「身為諮商師，面對的是跟我們一樣的人類，萬一我的當事人要跟我談幽浮，我也需要去了解一下。」這一番話如醍醐灌頂，讓我不會將自己的閱讀或好奇侷限在諮商或治療的狹隘框框內。當然，諮商初學者可能還在專業路上努力，明確清楚的閱讀範圍對他們來說是較為重要的。

四、相關實務經驗或訓練的加持

再則，現在的研究生較不願意花時間去賺取經驗。以往在訓練準諮商師的過程中，我們系所與附近的學校（包括中小學、高中），都有一些合作的機會，主要是先由我到這些學校去擔任諮商義工（通常持續一兩年的時間），這些學校有的是缺乏專業輔導教師，或者有專業輔導教師但是人力不足，因此就由我每學期選擇固定時段擔任諮商義工。接著，我就將研究生帶入現場，由學校裡面的輔導老師擔任無給職的駐地督導，我則擔任諮詢工作（學生固定或隨時可以找我討論接案的情況），研究生多則十多位、少則五六位，他們願意安排不同的時段到國小及國中與學生一起工作。藉由這樣的義工機會，碩一學生可以開始接觸到未來潛在的服務對象，對於當事人的發展階段或者遭遇的議題，有比較清楚的了解，等到碩二開始兼職實習時，就比較不會焦慮或害怕。而且在整個擔任義工的過程當中，可以跟兩位督導討論所遭遇到的問題，甚至定期做個案研討，他們就有較豐富的經驗

值，也較有自信踏出實習的第一步。

　　以前帶大學部的學生，從大二開始到國小去做霸凌防治的工作，不僅做全校宣導、班級輔導、團體輔導、個別諮商，還有文宣品與通報系統的設置，慢慢地讓學生可以負責的部分增加，也參與課程的設計以及進行，學生學習到很多。我記得有一回一位碩二研究生與一位大四學生一起帶小學生的團體，結果這位研究生後來問我說：「擔任領導的這位是碩幾的學姊？」我告訴她是大四生的時候，她非常驚訝！老實說，大學部同學的課程安排與學習很紮實，只要學生願意跟著老師們去做實務的工作，其實可以學習的東西非常多，而這位大四生在畢業第二年就考取正式專輔教師職，在新北市工作。

　　只是近年來，許多研究生私務繁忙，因此即便合作多年的學校，偶而也會突然告訴我——沒有任何學生來應徵義工。這樣的情況其實也很難掌握，我也只能夠道德勸說，或者是祭出一些優惠（如做義工的好處，甚至以一些書籍作為獎勵），但是的確學生願意主動去擔任義工的情況也不多了！

　　倘若學生願意在校外機構（如張老師或生命線等）接受訓練，或是參與相關助人課程，這也是很好擴展知能的機會，當然也都需要投注相當的時間、心力與金錢，然而「天下沒有白吃的午餐」，這些經驗值都會在日後發揮效力，最重要的是讓學生更有信心。

五、學習態度的積極性

　　此外，也需要談到近年來學生生態的劇烈轉變，主要是表現在學習態度上。我國的學生較爲被動，即便已經到了高等教育的研究所階段，許多學生還是習慣沉默聽課，但是大學、研究所是一個公開論壇的教育，也就是每個參與者貢獻意見、分享看法或經驗，是彼此學習最重要的管道，老師只是一個先學者，並不是唯一的學術權威；況且研究所的上課方式很少是由老師以PowerPoint的方式來導讀，而是學生本身經過預習、發現問題或不了解處，然後在課堂上提出來做討論、交換意見，這樣能夠將學生所了解的做更深入的闡述、分析，才是眞正學習的精髓！然而，最近一兩年，即使是實習課程，在學校上課的時候，學生也極少將自己在實習線上所遭遇到的疑慮、觀察或問題提出來（這樣同儕才能夠有多一次學習的機會），這其實是很奇怪的現象！以往上實習課程，剛開始一兩週是要把重點放在閱讀上，可是慢慢地，討論時間就拉長，因爲學生已經開始接案，實習現場的許多情況就可以拿到課堂上來討論、大家互相學習，即便沒有接觸過類似的個案，也可以經由同學的體驗跟分享，爲自己打下預防針或是預知一些處理的基礎。

　　進入實習現場，雖然因爲生疏、不習慣，所以不太敢太主動，但是這多半與實習生的個性或是願意努力的程度有關。很難想像學生本身若是有人際疏離議題者想要擔任與人頻繁接觸的諮商工作，但是我

們的確也碰過類似的學生，在與人對話時無法眼神接觸，我也不清楚他在接案時，當事人做何想法？不管是行政或是專業督導，都希望實習生可以積極主動，做人處事也都能主動接觸、了解，如此對於機構內的人來說就是一個不可多得的人力。此外，有許多當事人是鼓足了勇氣才敢踏入諮商中心或輔導室，若沒有人主動推他們一把（如往前去寒暄或詢問），他們可能立刻就掉頭走人！

六、個人議題的整理

諮商師是人，在諮商現場也會遭遇到人的問題，若自己本身沒有覺察或處理，很容易在治療過程中衝撞到自我議題，容易失據或傷害當事人，因此許多諮商師培育機構會強調自我議題的覺察與處理，作為進入臨床現場的防範，然而這個部分卻是許多學生不願意面對的議題。有不少學生沒有過諮商經驗，對於諮商現場的動力無法體會，若自己可以去體驗一下諮商，相信對於自己的生涯發展會更清楚；而希望未來從事諮商助人工作者，更應該接受諮商是可以求助的管道之一，也相信諮商的效能；至於有些學生帶著自己的未竟事務或議題來到諮商所，更可趁此良機好好做爬梳整理。筆者在國外受訓的經驗，往往是在進入諮商課程之前，就被規定需要去做諮商十次，然後撰寫報告、作為學期中作業。許多諮商系所學生是帶著一些議題來到學校，有些是來自原生家庭的創傷（如虐待、父母失能或偏心），有些是個人性格上的議題（如心理疾病、孤離感或懼怕人群），還有是在

人際關係上受過傷（如性少數族群、遭受霸凌），至少自己願意承認、嘗試修復，就是邁向助人專業很重要的一步。

3-2　一般申請實習較常遭遇的問題

學生通常在實習前的一學期就要積極尋找實習機構，不管是兼職或全職實習，都讓學生邁出重要的一步——開始做自我推銷。不同實習階段有其申請的時限或名額，同學們也會詢問學長姐相關事宜或互相走告。以下是多年來目睹學生申請實習機構所遭遇的一些挑戰。

一、提供兼職實習機構有限或名額有限

衛福部每年會提供合格諮商實習機構或場所名單，主要是針對碩三的「諮商專業實習」（對於碩二的課程實習就沒有太多規範，但是學校方面也希望以衛福部提供的為主）。目前許多實習機構（以南部為例）較歡迎碩三全職實習生，較不願意提供機會給兼職實習生，這自然也讓許多急於申請兼職習機會的學生，經常提前焦慮，甚至擔心自己無法申請到機構實習。全職實習較受歡迎，一來實習機構會認為學生已經歷過兼職實習，在準備度上較充裕，因此歡迎實習學生有機會進一步熟悉該機構文化與服務對象；二來是原本對該系所的信任關係已建立，認為學生可以協助的部分也較多。

雖然一般諮商所對於兼職實習之機構與督導的認定條件較寬鬆，

但是因僧多粥少，也會產生競爭與排擠效應，加上有些系所允許學生
提早入學，學生必然也會提早實習，學生本身的準備度不足，也會限
縮了自己申請實習的機會。有些學生卻不做如是想，總認為系所本身
「應該」提供所有的實習機構名稱、合格督導名字，但因為每年增加
或減少實習名額的機構都會變動，並不能完全如學生所願。而學生選
擇實習機構的原則，是到學長姐曾經實習之機構為考量，或者是以住
家附近的機構為考量，或是以較容易接受自己的機構為考量，不一而
足，當然也有學生願意自闢路徑，即便該機構沒有開放兼職實習名
額，也想要試試看，這樣的勇氣通常值得嘉許。最讓人擔心的是：學
生在期限截止之前，擔心找不到實習機構，於是自己亂槍打鳥、自行
打電話要求對方提供實習名額，卻完全沒有顧慮到督導是否合格、督
導要求以及實習項目是否能滿足等因素，導致實習過程驚濤駭浪、岌
岌可危。

　　許多機構（特別是學校）即便有合格督導，卻不一定會提供實習
機會，主要是因為還要經過校方同意、督導願意協助，畢竟多一份督
導工作、增加一分負擔，但是只要實習學生願意主動積極詢問，有時
候該機構也會願意提供實習機會給學生，主要是看學生未來生涯發展
方向，以及自己是否願意展現積極態度說服對方。學校與機構之間的
合作是向來運作的方式，秉持著培養後進的精神、彼此互相協助，像
是諮商所教師擔任博班學生實習督導，該校附設諮商中心也願意接納
諮商所實習學生進入機構實習。只是現在督導制度慢慢成形，許多機

構不一定有合格督導，加上支付督導費用似乎成為了規範，因此以往沿襲的免費「互助」機制也受到影響。

　　學校系所會依據之前學生實習的經驗，將一些不合格或有疑問的機構及督導列入黑名單，彼此互相走告，但若學生還是選擇了這些機構進行實習，系所當然還是予以尊重，只是會更謹慎觀察與評估。

二、實習機構無法滿足所有實習項目

　　依據作者二十年來帶領實習課程的經驗發現，學生去實習的機構有時候無法滿足相關實習項目時數（較多是心理測驗、團體與督導）。像是小學較少對學生實施心理或教育測驗（有的也可能測驗太老舊、常模已失效），小學到大專（學）諮商團體形成不易（學生參與者少、團體需要承諾八至十次時間或成員流失容易），駐地督導太忙、沒有專職心理師（學生需要花錢外聘督導）或督導時間不足等，這些當然都會影響到實習生的學習。

　　許多私人心理機構因為本身經營困難，需要實習生到機構外（如學校或公私立公司）去滿足其實習時數，此時會有一些問題，像是實習生對其服務對象不了解、無適合的諮商理論與技巧（如遊戲治療）或是督導權責問題，此時系所也需要求機構或為學生投保意外險，以屏東大學為例，不管是大學部或諮商所的學生，在實習前就為其投保意外險，畢竟學生在校外活動，投保也是防範萬一的處置。

三、機構不提供督導或學生需自費外聘督導

有時候學生申請實習的目標是「先上了再說」，也就是先以「卡位」為目標，就沒有仔細審視其他相關條件，因此實習學生到了事後才發現機構本身不提供督導，或學生需要自費外聘督導（費用不一、沒有公定價格），而外聘督導不了解學生的實習機構或文化，這些都造成了相當大的困擾。系所本身的畢業生若在條件符合的機構任職，自然也會照顧學弟妹，經驗傳承的意味濃厚，督導費用就不在考量之內；有些學生想要讓自己更進步，會考慮在機構提供的督導之外，自己另行外聘督導，但是偶而也會因為兩位督導對於案例的看法或處置意見不同，讓學生陷於兩難。曾有學生選擇學校為實習單位，但該督導堅持督導時間是辦公外時間，因此也需學生自付督導費用，這些細節最好都在面試時先提出，以免自己誤解或需額外付費。

四、督導是精神科醫師或臨床心理師，評估項目不同

近年來許多醫療院所開始開放讓諮商所學生實習，因此督導通常就是精神科醫師或臨床心理師。按照系所的規定，除非該實習機構同時有諮商心理師擔任督導，否則學生就需要另聘諮商心理師擔任督導，這當然是另一筆花費。然而花錢事小，這些年的經驗筆者也發現：有些學生的臨床心理師督導對於學生實習項目的評估是以心理師應具備的診斷與評估能力為首要，對於諮商實習生的實習項目與技能不熟悉、無法評估或過於低估，導致學生實習成績幾乎過不了關。

　　筆者之前曾因此特定兩次造訪學生的實習機構，了解該機構是否能滿足實習項目與時數，也讓督導了解諮商師培育的知能細節，但是該機構之行政與專業督導評估的角度與著重點全然不同，甚至認爲該實習生「能力不足」，而且刻意忽略學生將開放團體帶領得有聲有色的事實！團隊合作本就不易，需要許多磨合與妥協以及彼此的尊重，臨床心理師與諮商師都是助人團隊中的一員，期待在更多的合作中彼此更加了解可以貢獻的能力。

3-3 選擇與申請實習機構

　　林家興（2009, pp. 113-114）認爲良好的實習機構應該具備的條件爲：是一個團體（而非個人）執業的機構，實習機構至少聘有心理學和輔導學碩士層級的專任人員兩名，實習機構同時接受來自不同學校的實習生至少兩名，必須能夠提供實習生每週至少七個小時的直接服務個案量，實習機構必須提供完整的實習項目（包括初談與心理診斷、個別與團體諮商、測驗與心理衡鑑等）。一般說來，即便該機構人員充足，但是一位督導還是以督導兩位實習生爲主，督導實習生過多對於督導也是壓力，且難保品質。

　　實習機構本身應該要有足夠的人力來分攤督導工作與責任，有些機構諮商師員額不足或大多是兼職諮商師，其徵求實習生的意圖不對（希望實習生的人力進來協助他們諮商中心的業務），自然對實習生

的督導與要求就會有問題。曾有學生到某大專院校去實習，但是督導請產假、沒有人暫代，督導都是靠實習生的口頭報告或以電話方式督導，儘管這位督導給實習生的分數很高，但是課程督導還是以客觀評量項目為主，認為該實習生準備度不足，並要求實習生另聘專業督導做固定面對面督導，才得以補足實習生的能力。

目前的情況以大專院校較能滿足實習服務時數，但是因為諮商漸趨社區化，許多學生也開始找一些私人心理診所實習。林家興（2017, p. 156）提及私人診所不適合實習的理由為：空間小，專職人員少、業務不穩定、較難提供個別督導與訓練，缺乏實習心理師同儕、孤單少支持，個案量不足，未能定期舉行個案會議或研討會，也較少有機會接觸衡鑑或危機處理的業務。若在國小實習，通常測驗或衡鑑的實習項目就不能滿足，有些學校的做法就是讓其他在大專或學校單位實習的同學協助（若該校有測驗要做，就請在國小實習的同學一起去受訓、施測），這樣的權宜之計不知能夠維持多久，嚴格說來也有倫理議題。

實習機構的選擇其實跟實習生自己未來的生涯方向有關。在目前諮商社區化的趨勢下，許多公私立機構或心理衛生中心，都希望實習學生能夠有多元、在不同機構實習過的經驗，這樣子就更能夠承擔社區諮商服務的任務，但是儘管諮商師培育機構會鼓勵同學兼職實習的時候分別在不同的單位實習（如學校與醫療單位），然而若學生選擇在同一個機構做全年的兼職實習，其實也有它的好處（包括因為已經

熟悉實習機構的文化及運作方式等，下學期容易上手、進步較快，與該機構內的人員也能夠有比較深刻的了解與合作）。倘若在兼職實習的時候選擇兩個不同的機構服務，就必須要讓自己在很短的時間內熟悉這個機構的文化、運作方式以及服務的對象，若要很快進入較有效、深層的晤談和諮商的話，其實會有一些難度，當然這些也都要靠實習生自己主動積極吸收經驗、努力閱讀與就教他人等方式來補足。

　　由於兼職實習機構（在南部）較少，加上競爭激烈，因此學生對於申請實習機會較為焦慮。有些學生在找不到實習機會的情況下，會自行打電話、請對方開缺，讓自己進去實習，這也造成許多研究生對於系所「未積極提供實習場所」有抱怨。合格的全職實習機構，衛福部會在網站上提供名單，但最重要的是諮商師學會（台灣輔導與諮商學會或諮商心理師學會）所審核通過的名單（尤其是全職實習），以及該機構是否能夠符合實習項目與時數，加上學生有自己找尋機構的要求或喜好（例如離家較近、交通方便，或是有提供實習津貼的醫療單位等），反而比較不擔心，學生較擔心的是：若自己在其他同學都找到實習機構的情況下，自己還沒有個「落腳處」該如何？通常這些學生都是被機構篩選時刷下來的人，基本上在實力或態度上都較有差異。以往校方還會在本校學生諮商中心留一兩個位置給自己系所被刷下來、無處可去的碩三生，但是後來學生諮商中心的位置也成為炙手可熱的空缺，無法做這樣的安排。

　　最近幾年也有學生選擇到醫療機構實習，以精神療養院或是醫院

的精神科最多。醫院裡又以勒戒的當事人為主，因而實習生可以多學習或熟悉一些診斷的知能，然而也會有另外一個問題：倘若實習生督導是醫師或臨床心理師，就需要另聘一位資深諮商師擔任專業督導。曾有學生在療養院實習，這也是該療養院第一次接受諮商實習生，但是療養院從上到下的臨床心理師，對於諮商師抱持著門戶之見、對實習生百般刁難，甚至最後在分數上說無法評分（因為心理師要評估的不同），但是這位實習生還是憑其受訓專業，打破了該療養院門診團體的慣例——成員不說話，取而代之的是成員反應熱烈、團體氛圍丕變。當然也有一些醫療院所對於諮商實習生很友善寬容，願意接受不同的思考範典，為彼此的合作開啟了良好先機。

選擇與申請實習機構可考慮以下事項：

一、實習機構是否能提供必要的實習項目與時數

實習生選擇實習機構的條件：首先要考慮該機構是否可滿足實習手冊上所規定的服務項目與時數；二來要看該機構是否為合格的實習機構；第三是該機構有無合格督導；第四，若全職實習則要先上衛福部網站查看公告合格的實習機構。許多學生只擔心自己沒有實習機構可去，卻沒有顧慮到該機構的其他重要條件（如實習項目的提供、督導合格與否），申請進去之後才發現問題，通常就會增加自己完成實習的困難度。一般說來，學校對於兼職實習的機構與督導資格規定較寬鬆，但是最好還是符合以上條件較佳、免增困擾，有些實習生在這

種機構也找不到專任的全職督導，必須找兼任諮商師或自費找外聘督導，這些也都需要在選擇機構前先詢問清楚，較不會節外生枝、徒增煩擾。

　　每個諮商研究所對於兼／全職實習都有實習手冊規範學生實習項目與時數，基本上都是要符合諮商師考試的相關規定，許多實習同學只急著要找到實習機構，卻沒有細問詳情，導致正式實習時發現該實習機構未能提供某些服務時數，或者是學生需要另外找尋其他方式補足時數，這樣東缺西缺的情況似乎不足爲奇。

　　雖然學生選擇實習機構有許多考量，但是基本上諮商所對於兼職實習機構的條件較爲寬鬆（如諮商心理師服務年資、該機構否爲衛福部正式登錄合格之機構），加上學生會希望在學長姊擔任過實習的機構服務，或是選擇離家較近的（像有些人就選擇自己曾經就讀的學校），很少會先去詢問學長姊或未來實習的機構是否能夠滿足其基本實習項目與時數，以至於造成後來實習時數不足的問題。

　　基本上這些年來發現學生在測驗與團體時數上較有問題，一則許多學校或私人心理診所並未提供測驗服務（當然學生是否有施測的專業能力也是考量之一），二來有些機構（如診所或高中以上學校、醫院或社區）團體較難成形，自然就難滿足學生時數的需求。

　　實際上，學生要尋找兼職實習的機構比較難，若要進入全職實習，還要經過機構篩選這一關，再加上近年來有更多學生選擇私立的心理治療中心或者是心理診所實習，事實上常常會遭遇到機構本身未

能提供足夠的相關實習項目時數的問題。因為是私人機構，大部分無法在營運上自給自足，因此可能需要與當地的學校或其他社福單位合作，或是服務當地社區，也因此會「外派」實習生到學校或者機構外，以這樣的方式來滿足學生之實習時數，但是這也牽涉到督導是誰（專業督導還是學校專輔教師）、學生是否有能力提供服務等問題。儘管如此，還是會發生有學生在實習進入中程以後，發現相關的實習時數無法滿足，此時該如何？

理論上來講，兼職實習（或課程實習）是必修科目，學校的系所必須要協助學生完成實習時數的需求；然而，若學生是在全職實習時時數不足，可能實習機構本身就要負起較大的責任。如果該機構用其他轉圜方式來滿足學生的實習時數，這也無可厚非，但是許多學生還是會回頭向訓練的學校（系所）告知這類的困難，系所本身就可能需要協助學生儘量完成全職實習所需的實習項目時數。

二、不同機構提供不同的學習經驗與督導

許多諮商所在培育諮商師的訓練過程中，往往希望學生可以在不同機構實習，若是可以分別到醫療機構及學校實習（林家興，2017），自然可以讓自己具備更廣泛的能力，往後獨立作業就不是問題，但是礙於目前兼職實習機會不多（以南部縣市來說），加上每個接受實習的機構遴選時間不同，引發許多同學的焦慮，擔心自己萬一沒有實習機構待該如何。以往，若學生就讀的學校有學生諮商中

心，會將無法申請到其他機構者納入，讓其完成實習時數，後來也發現這樣對機構或學生而言，並不一定有好處，何況學生也有其私人的考量。

有些機構不喜歡學生待太久，或許是因為發現實習學生知能不足，可以協助機構的有限，因此往往僅提供一個學期的兼職實習機會就打住（當然主要還是契約的限制），倘若學生想要在原機構繼續待下去實習，就可能會被婉拒。有些機構則剛好相反，希望可以讓熟悉機構文化與人員的實習生繼續留下來，不需要重新熟悉或訓練。倘若實習生的個性不錯、配合度良好，當然會希望留學生下來繼續服務，這就是「雙贏」的結果；當然，站在學校培育諮商人才的立場，總是希望學生可以在求學階段多多去探索、多接觸一些機構，了解不一樣的機構運作、培養更多不同的能力，因此就某方面來說，不贊成學生在同一機構待太久。但是這些都只是「希望」而已，不敢明文寫在實習規定裡，畢竟我們是民主國家，會尊重學生的自由意志，相信這也是許多諮商師培育機構的困擾。

在同一個實習機構，可能接觸的督導有限，因此若有機會更換一次實習機構（如從學校到社區或醫療院所），實習生就有機會擴展經驗、接觸不一樣的族群，對於勇氣、經驗、自信與諮商技巧的養成，獲益最多！不同機構所提供的督導不同，雖然規定準諮商師至少需要有一位諮商師擔任督導，但是醫療院所或社區機構，可能由精神科醫師或社工師擔任督導，實習生就必須另外找諮商師協助督導；有些是

機構本身提供且由機構付費，有些則是需要實習生自己付費給督導，這也是若干實習生考慮的條件之一。當然，也有實習生願意在自己原本的督導之外，另外學習某個特殊學派（如現實、敘事）或技術（如催眠、EMDR）而自行找相關專才的督導（另外付費），也是增厚自己實力的一種做法。

督導的個別經驗、督導模式等等都是實習生可以學習效仿的對象，另外也可以增加實習生接觸不同督導、學派、介入方式、服務族群等經驗。

三、選擇自己未來想要執業生涯的機構

學生在選擇全職實習有個重要考量就是：考慮自己未來想要在什麼機構或場域服務、服務族群是誰。如果想要在學校機構服務，需要哪一層級學校的經驗？當然能夠嫻熟學校文化及系統運作是最重要的，還有相關業務與服務範圍；若是想在醫療場域服務，熟悉醫院的運作流程、提供的服務、與不同團隊人員的合作就很重要；假使想要自己成立心理衛生診所，了解潛在服務族群與需求、社區相關資源與文化，甚至與特定的機構（如勵馨基金會）或政府單位（如法院或警察局）合作，也都與業務發展有關。有些學生進入諮商所，目的是擔任國小輔導教師，那麼選擇實習的場域就可能是以國小校園或縣市的學生諮商中心為優先，同時也要讓自己熟悉國小教育規劃與內容、親師合作的方式、需要推廣的議題為何。當然在校園實習與學生諮商中

心實習還是有差別，真正要歷練自己的臨床實力，還是以校園優先，至少案例與問題較多元。另外不同機構也有較為特定的介入方式與專長，像是在學校實習要了解遊戲治療、牌卡或兒童及青少年發展的知能及議題，在社區或醫療院所服務，可能要有診斷、撰寫與評估方案、轉介與資源連結等能力。

四、考量自己的能力與可以貢獻的是什麼？

有些學生只考慮到自己有沒有機構實習，沒有進一步考慮到自己目前的準備度與知能，可以貢獻給實習機構什麼？當然也有實習機構以「增加免費人力」為徵求實習生的目的，欠缺合適的督導或服務項目與時數，這也是學生在選擇實習機構需要注意的地方。實習生可以思考自己目前有哪些專業或專長可以貢獻？包括自己的嗜好（如繪畫、海報或電腦程式設計、撰寫計畫或方案、說話或宣傳等）或是休閒活動（如運動、瑜珈、帶活動、精油或塔羅牌等）的能力，這些或許可以成為自己在應徵履歷表中的一項優勢。潛在的實習機構也希望未來的實習生可以有不同能力貢獻，讓機構可以增加服務項目或增添新的活力。朱羿靜（2019）特別提到實習生一些「看似無關卻又經常使用到」的技能：美編與影音軟體、Office技能、資料蒐集之能力（含英文聽讀能力）、臺語或其他語言（可以連結當事人）、時間管理能力、汽機車駕照（可讓自己迅速移動，有些實習機構有外展工作）等。換句話說，在應徵簡歷上不妨多提一些自己的能力與嗜好、

可以貢獻機構的部分，當然，之前受過課程與訓練的證明資料是最基本的，也可將自己的學習成品（不一定只有成績）附上，增加可信度。

五、有無適當督導？

雖然許多實習生在正式進入機構實習之前，都不太清楚自己未來的督導是誰，更遑論督導模式與取向。有些機構甚至沒有機構內督導，而是需要實習生外聘督導（對實習生而言又是另一項財力負擔），也有機構內督導堅持要在工作時間之外督導，而實習生也需要另付督導費用，這些最好在面談時就問清楚，以免自己事後懊悔。有些系所會私底下列出「黑督導」或「黑機構」的名單，得要學生自己去詢問，系所才會提供，這些黑名單都是積年累月、從實習生與業界專業人員那裡取得，然而系所也期待這些機構或督導會有所改善，因此不會主動提供給學生。

實習學生在進入督導關係之初，最好與督導訂立契約，這樣就更可以了解督導的行事風格與相關規定，而督導也可趁此機會說明自己的督導模式與期待。督導契約中最好規範了：督導的專業與相關背景（包括督導姓名、執照、所屬專業公會）、督導邏輯（包括督導次數、時間、地點、長度與頻率，督導責任、督導超過一人之責任分攤、取消督導時間或請假等）、釐清督導過程（包括理論或取向、督導模式、關係區隔、衝突或受督者想法之分享）、督導目標、預期的

督導方式（如自陳報告、錄音錄影、觀察或現場督導、逐字稿等）、法律與保險資訊（包括督導責任、諮詢、危機情況處理等），以及評量方式（Harvey & Struzziero, 2008, p. 50）。實習生面對督導會有威權的問題，可能擔心對方是有經驗的前輩或評分者，不敢逾越本分，但是有關督導的方式、要求或收費情況是適當的問題，當然可以詢問。

　　有些學生選擇督導的考量是以督導的核心理論是否與自己一樣為主，當然督導也可以用自己喜歡的諮商理論來做督導，但是也容易不小心「位移」——將督導變成諮商，而學生本身是否已經確定自己的核心理論與取向，也是考量的重點。基本上我們鼓勵學生從不同督導身上學習，當然也包含不同理論取向的督導，即便督導的理論取向與受督者不同，實習生也可學習以不同觀點來看待與介入案例，除非與實習生的實際督導經驗發生衝突或嚴重扞格。

3-4 如何準備實習申請資料

　　碩二同學在申請兼職實習或是碩三同學申請全職實習前，都需要準備一些應徵資料供機構評估或遴選之用，因此資料的準備很重要，除了修過哪些專業課程的資訊外，若參與過個別學派的研習或工作坊、張老師或生命線之訓練、自己有興趣的取向或相關閱讀，以及對自己個性與做事方式的描述，也都是可以讓機構評估的重要項目，當然以上所陳列的最好能夠附上證明或證書，說服力更強。

　　在實習過程中會意識或掌握到自己想要服務的族群（青少年、兒童、性侵或其他特殊的族群）為何，要很清楚自己陪伴的族群為何，這也可以變成自己未來服務的專長考量。實習前除了專業科目、必修科目之外，還最好能夠修習一些專長的科目，在應徵資料上可以特別說明自己的專長或興趣（如攝影、海報設計、寫作等），成為自己的「亮點」（鄭楦縈，2019）。選擇合適的實習單位是實習成功的第一步，因此思考自己未來想要服務的對象或機構，就會更清楚自己要去哪裡實習，此外也要知道機構可以提供的經驗與學習、自己可以做的貢獻有哪些。

　　喬虹（2018, p. 20）建議實習生在撰寫申請實習機構的自傳時，先花時間回想自己學習諮商的初衷、過去在諮商所學習的收穫與瓶頸、整理原生家庭或以往求學與工作對自己的影響，以及以上這些與自己要申請機構或服務對象的關係。許多同學認為實習機構在「挑人」，事實上實習生也在挑機構（鄭楦縈，2019）。雖然較難找到課程（或兼職）實習的機構（因為提供的機構或學校不多），但也不要遷就或勉強。學生進入碩三實習時，會比較清楚自己想要實習的機構或督導模式為何。

　　如同資深諮商師的提醒：自傳部分不要像流水帳似地呈現，可以將自己選擇助人專業的一些重要生活故事寫上去。履歷要言簡意賅、一目了然，且掌握重點，若附上一些相關的比賽獎項也不錯（鄭楦縈，2019）。學生在撰寫自傳時不要只是很傳統地呈現枯燥陳述

（如自己出生背景、家庭狀況），可以將自己目前生命中的重要事件與影響做摘要敘述，讓閱覽者看見自己的亮點與努力，或是選擇與諮商專業有關的重要成長與學習事件，都可以引人願意閱讀、印象深刻。另外，人際議題也是遴選機構想要看見的部分，實習生可以就自己曾經遭遇的人際議題、心境與改善做描述，也是展現自己進步的不錯內容。

3-5　面談的準備

　　一般諮商系教師通常會建議學生到不同機構實習。以往學生較常到國高中或大專院校實習，近幾年來申請到醫療院所與私人心理診所的人數也在增加中。由於諮商走入社區化，因此讓學生有機會在不同機構實習，不僅可以更了解所服務的族群或對象，還可以讓自己臨床的能力增進不少；而在醫療院所者能夠接觸到較多的心理疾患或者是酗酒嗑藥的上癮族群，可以多了解診斷與評估的流程與技能，而目前不同層級學校也出現較多需要二、三級預防與處置的學生。喬虹（2018）提醒面試同學：不要去思考面試委員想要的答案，而是去想想機構想要什麼樣的人，同時在自我介紹時將自己的生涯藍圖做簡單介紹，有些機構提供的一些訓練或許與此相關。

　　幾乎所有提供實習的機構，都希望能夠更進一步了解申請人的個性、態度，以及已經具備的知能如何，因此除了書面的審核之外，一

定還會加上面談這個部分。在面談的時候，就可以藉由不同的問題以及觀察，來了解應徵者是不是這個機構可以接受的實習生？現在的實習生比較自我中心，可能也因為時代與價值觀的更迭，因此他們很注重自己要的東西，反而不太願意聽進去他人的建議。曾經有位實習生在髮型和服裝儀容上比較不注重，在連續面談被拒絕多次以後，還是有一個機構接受他。他在實習過程中，不管是直屬督導或是實習機構現場的一些教職員，其實都提醒過他在穿著上需要做一些改善，畢竟諮商師在接觸當事人的過程中，其實也是一個典範的角色，但是這位實習生都不以為意，堅持維持自己的特色，最後是這個機構的最高長官看到這位實習生竟然穿著拖鞋來實習，幾乎氣炸了，直接詢問處室負責的人，這位學生才知道原來大家最先的提醒都是很重要的！

在一般面談中，實習生當然希望展現出自己最好的一面，包括服裝儀容等部分，最重要的還是態度與誠意。服裝方面舒適自在最重要，不一定要是西裝筆挺或穿著洋裝，但最好不要染髮或挑染，髮型中規中矩、梳理好就行。有人會穿牛仔褲，但請記得不要穿那些有破損設計的。鞋子最好挑可以包覆腳部的，比較不建議穿涼鞋或是開放式的鞋子，女性若是穿開放式的鞋子，最好不要擦鮮豔的指甲油。其實以上這些幾乎都是學校提醒過的業界標準。鄭楦縈（2019）分享面試心得提到：穿著打扮不要太休閒，要看起來有專業的模樣，整齊清潔是最基本的，不要不修邊幅。「守時」很重要，提前一點時間抵達面試場地，不要匆忙趕到，就表示自己是準備好的。

　　面談時若有門，需要做關門的動作，然後才慢慢走向所設定的座位上。在坐下之前，請先用眼睛慢慢地掃視所有的面談人員，然後再緩緩坐下。可以先跟所有在座的面談人員問候一下，然後感謝大家，接著面試就開始。在面試的過程中，很重要的是要對於提問人直接用眼光注視，而不是閃爍、逃避或低頭，這是表現自信的一種方式；在敘述或回答問題的過程中，也可以眼神稍稍掃過其他的面談人員。在面談過程中，如果覺得自己很焦慮，擔心無法立即回答出來的話，可以輕輕地深吸一口氣，甚至很明白地表達自己的焦慮都沒有關係，但是經由這一個小小的動作，其實可以讓自己有思考的空間、來好好回應這些問題。回應問題的時候當然是有問必答、儘量誠實。基本上面談時會有幾位面試人員，應徵的實習生除了要與提問者有眼神接觸之外，也要偶而看看其他面試人員，這是比較周到的表現。

　　應徵實習機構的面試與一般求職面試無二，重點在於要清楚表達自己，加上有組織、邏輯，根據自己會的來做回答、不會的謙虛以對，說話聲量適當、速度不疾不徐，這樣子其實就足夠了。另外，很重要的是：許多實習生在面試時都會強調自己是來學習的，但是這些心理衛生機構或學校卻有不同思考，面試人員會希望你／妳是來表現與發揮所學的，因此不妨將重點放在若機構錄取你／妳，你／妳對機構會有哪些貢獻上。

　　全職實習要經過機構的篩選機制，因此若碰到學生無法找到願意接納他／她的實習機構，通常是學生本身的問題。在此之前，系所

教師可能都已經發現學生不適合擔任諮商專業的工作（不管是個人特質、待人處事、人際模式或專業知能等因素），只是老師們基於教育的立場、較難直接指出，只好藉由全職實習機構的篩選方式讓學生知難而退；當然並不是說學生無法在後來藉由增進與補強方式讓自己「準備好」（鄭麗芬，2019），但若是人格或個人議題的層面，往往不是增進或補強就可以遂其功。

面談準備
- 蒐集相關問題與回應資料，練習如何回應（不需要背他人的答案，因為有些面談官會從你的回應中再問問題）。
- 前一晚有充足的睡眠，並且事先將翌日要帶的物品準備好（有些人會多準備自我介紹或相關資料，其實不必要，因為面試官沒有時間翻閱）。
- 穿著上要適當。
- 提前十分鐘抵達面試會場。
- 準備對自己助人專業有加分的資料（如張老師受訓證書、遊戲治療學分），以及與自己專長有關的憑證或作品（如攝影、繪畫）。

社區機構實習生通常需要具備的特殊知識與技巧（Corey & Corey, 2011/2013, p. 360）
- 與不同文化背景的個案工作之能力。
- 了解倫理及隱私權的議題。
- 與他人連結的能力。
- 資源連結及轉介的能力。
- 傾聽技巧、個案管理的能力以及諮商技巧。
- 積極主動的能力。

3-6 被拒絕的學習

　　以往許多同學在申請實習機構時，不會抱持著被拒絕的準備，然而等到自己一直被拒絕之後，就會開始懷疑自己的能力。在申請兼職實習機構嚴重萎縮的情況下，競爭更為激烈，倘若還有一起申請的同儕，更是緊張焦慮。許多同學可能申請同一機構，倘若同學被錄取、自己沒被選上，自然會覺得難過、挫敗或自責，然而若是自己被錄取固然欣喜，但是看到同學落選的失落，也是百味雜陳。有句老話說「失敗為成功之母」，通常我們從失敗中會學習檢討、了解失誤之所在，並思改進之道，因此是學習最多的，而成功卻不一定可以提供這樣的學習機會。

　　被拒絕並不表示自己不好，可能是自己不符合機構的要求，因此在被拒絕之後，有機會做調整，甚至更積極的實習生還會主動詢問機構人員或考官，了解自己被刷下來的原因為何？有無補救的機會？有些實習生因為做了這些補救動作，讓機構人員印象深刻，反而在後來被破格錄取。實習生如何看待被拒絕的事件，也是機構評估其人格特色的一個指標。有學生對於自己被拒絕耿耿於懷，尤其是自認為從「名校」畢業，不能接受這樣的事實，後來是學校老師與其暢談，才讓他看見自己的傲慢。

　　另外一種情況是：學生準備度不夠，不適合實習。有時候在校的授課老師會發現學生在個性、專業知能的學習上不適合擔任諮商工作

（特別是有些偏執或是罹患心理疾病者），也在之前做了勸退或建議學生去做自我整理，但是這些學生看不到自己的議題或認為教師對其有偏見，堅持要去實習，很多時候就會在面談時被刷下來。面談的機構不一定會告訴學生有哪些考量，所以不予錄取，其實很多情況下是看到了學生與人互動及性格上的問題。

第四部分

進入實習機構之後

4-1 如何融入實習機構

　　兼職實習生最常碰到的問題就是因為兼職實習一個禮拜只有四到六個小時要到機構去，所以實習生就用「落點」的方式來實習，比如說一個禮拜只花四個小時到實習機構，或是將六個小時分成兩次的方式進行實習。有些實習生會誤以為他／她來實習機構就是接案，也不管其他，如果有其他事前的準備工作、計畫或需要與督導商議該機構例行進行哪些活動或課程，都變成只以電話聯繫。這樣的方式跟態度，很容易只是了解了冰山之一角、不能夠充分清楚實習機構的文化與運作情況，更遑論融入實習機構；相對地，實習機構的相關人員也沒有機會熟悉實習生。一旦實習生進入實習機構，不管是兼職還是全職實習，都應該要能夠儘快了解所服務的族群、實習機構的文化與人員、例行計畫或活動等，不要怕多花時間，讓自己有機會能夠儘早融入這個機構的脈絡氛圍裡，接著你／妳就可以找到更多的資源來協助諮商或輔導工作的進行。有學生是在國小校園實習，但是對於服務族

群的了解只有來談的當事人，對於學生上課或每日的生活所知甚少，不清楚學生發展階段的任務與挑戰，也不以生態觀點來看學生議題，甚至沒有將校內教師與職員、同學或家長納入系統做考量，只是針對學生「一人」做諮商，怪不得捉襟見肘、老在原地打轉，協助效果不彰！

此外，許多在校教師也已經提醒過實習生——諮商絕對不是獨立作業之事，需要連結與有效運用資源，才能夠進行真正的助人工作。實習生願意花時間與心力融入所實習的機構，了解除了督導之外，接觸並進一步熟悉其他機構的相關人員，將自己真正當作機構中的一員，而不是暫停的「過客」，趁此之便會更熟悉機構資源與相關的連結網路，同時也開始為自己的專業之路累積人脈與聲望。

許多實習生認為「諮商就是在諮商室裡進行」，這樣的誤解很容易陷自己於困境，不僅不易做「外展」（reach-out）服務（是社區諮商的大趨勢），也難結合相關資源、與其他專業團隊合作。諮商應該「走出去」，去認識與了解所服務的族群及其文化或環境，而不是單獨在諮商室裡奮鬥，這也是外展的意義——需要專業助人者主動與當事人或服務族群聯繫。

尤其是在學校和醫院的諮商實習生，很容易將自己侷限在輔導室內或者是醫院的某個診科室（如精神或身心科）內，較少主動去接觸所服務的潛在人群（如學生或病人與相關人員），因此在真正進行輔導或諮商工作時，就會與服務對象產生一種陌生的疏離感，需要更費

力才能夠讓自己的服務到位。即便是在醫療機構實習，也可以做一些短暫但重要的心衛推廣（如在診間外或等候室），協助機構拓展或提供有品質的服務。此外，倘若實習生是在學校服務，那麼去了解所服務的族群在這些發展階段可能遭遇的問題，以及學校單位例行性的重點式活動或服務項目，是非常重要的！除了實習機構的例行服務外，實習生當然也可以從第三者的角度，看看機構或學校需要什麼，來為這個學校和實習機構創發更多服務的項目（如網路諮商、電郵服務、小白鴿信箱、自己設計的桌遊），並且將成品留下來，自然是機構或學校額外的資產。

　　到底該如何讓自己更快速、有效地了解與融入服務機構呢？以下列出幾點以供參酌。

一、對實習機構服務族群與文化的熟悉及了解

　　提早進入實習機構，了解即將要進行的工作，認識周遭的環境、文化與資源，以及服務的對象是非常重要的，這些時間與心力都不會枉費。諮商不是關在諮商室或輔導室裡，而是需要走出諮商室、做適當的外展服務，在社區諮商取向的今天尤其重要。實習學生在第一次實習時，往往將自己的活動範圍侷限在實習機構或學校內的諮商室或教室裡，沒有花功夫去認識與熟悉服務族群（如學生、教師、家長），光光只是認識輔導室內或諮商中心裡的人員還不夠，必須要踏出諮商室的舒適圈，進一步了解該機構所處的社會文化與潛在的服務

族群。

　　像是在學校實習的實習生，要清楚服務對象（如國中小或高中、大學）的發展情況與任務，家長背景、學生學習重點或情況、教職員可能需求、學校輔導室或諮商中心目前提供的服務項目（如有無例行性的活動或團體、主題為何）等。即便是在社區服務，也可以藉由免費心理衛生講座或設站做親子諮詢等方式，進一步了解潛在服務對象與其需求。

　　一般諮商系所對於兼職實習同學的要求，會希望實習生每次固定到實習機構的時間是以連續四小時（半天）或一天計算，而不是「有事（如要接案）才來」，這樣不僅讓提供實習機構覺得納悶，認為實習生準備與認識不足，還會有「蜻蜓點水」的不實在感，感覺實習生只是過客、沒有想要深入了解該機構的動機，這樣子也會讓機構成員懷疑實習生可以協助的服務有多少、效果如何？

　　不像全職實習生是像正式上班職員一樣朝九晚五，有些兼職實習生到機構實習是「點狀時段」（也就是有個案或有事才出現），雖然近年諮商所對此有要求改善（如一次值班時間以四小時或八小時計），但是要求實習生多花時間去接觸服務族群、了解該機構的文化與環境，對他們來說似乎是「不可承受之重」，當然也錯失了實習時期很重要的學習項目之一。提早進入實習機構（如在開學前就到實習學校），讓相關人員（如教職員）或服務族群（如學生）有機會認識你／妳這位實習生，甚至介紹自己是誰、未來會在這裡做哪些工作，

認識學校內的硬體設備、建築或處室等單位，都是融入實習機構的重要做法。

筆者在此還是要呼籲：實習生除了提前進入實習機構或學校了解在地文化與人員外，空閒時間不妨多去接觸機構或校內成員（特別是自己主要的服務對象），介紹自己是誰、在這裡做什麼，不僅可以讓諮商普羅化，也可以讓自己的曝光率增加，潛在當事人也較不會在需要求助時畏懼或擔心。而小小的心理衛生推廣工作，可以教育所服務族群一些心理健康常識，也能讓自己有機會招徠或篩選潛在當事人或團體成員來使用諮商相關服務。另外，有些實習機構人員（如教師）並不清楚諮商實習生的服務項目或內涵，趁著走動式的認識與熟悉機構環境、人士與文化，實習生有機會做詳細介紹與說明，可以釐清一些迷思，也有機會認識及熟悉機構人員，往後要做事或取得合作也較容易。

二、了解實習機構的例行公事並提前準備

一般實習機構或是學校都會有每年或每學期的例行公事（如心衛宣導、演講、班級輔導、主題諮商團體等），實習生提早到實習機構報到的同時，就要了解這些例行公事，並進一步提供設計或協助事宜。有些例行事務已經有固定流程或計畫，有些則要重新擬定，或者是機構有新的計畫或團體，需要有人協助，這些實習生都可以主動要求協助或主持，特別是心衛宣導、班級輔導與諮商團體。

　　實習生需要完成班級輔導、團體諮商或心衛推廣的服務，但是許多事前都沒有準備好。這些活動都需要延續實習機構原本的規劃，或是先行設計與準備，而不是等到實習開始才動手，這樣通常會來不及。不管是心理衛生推廣、班級輔導或諮商團體，都最好在知道自己被實習機構錄取之後，進一步與機構或督導討論，然後就要著手設計與規劃，即使機構沒有這樣的前例，也可自我推薦來做，尤其是在大專院校或社區實習，諮商團體通常較難成形，更需要提前招徠成員，以確定是否需要以其他方式進行（如團體時段或次數的調整、是否以工作坊方式或是馬拉松式），因此團體方案需要先提出來，之後招募成員的工作才能展開。此外，團體或心衛方案設計出來之後，在校或駐地督導會先過目一遍，看看設計內容與進行方式需不需要做調整，甚至要預先租借場地或是準備相關材料，這些都有助於實習生團體的進行與成功。

三、經營與機構人員及實習同儕的關係

　　就如同寫論文是人際關係的工作一樣，需要聯絡相關的人脈協助、維持與指導教授的和諧關係，進入機構實習，「人際關係」非常重要，也是準諮商師開始建立自己專業形象的第一站。雖然每位實習生都有專業督導，但是督導不一定會在需要時都在身邊（更何況督導是外聘或兼職諮商師的話），因此求教於機構內的其他人員是必要的，不妨將機構內的所有成員都視為自己的督導或資源。有些實習生

或基於性格較害羞、內向或膽怯，除了自己直屬的專業督導之外，不太敢跨出舒適圈與其他機構成員互動，彷彿成了「化外人士」，也間接造成自己的許多困擾，此時不妨思考一下：自己是否適合擔任諮商工作？有無其他適合自己進行助人工作的有效方式（如遊戲或藝術治療）？想要做任何改變嗎？要改變自己的性格固然不容易，但是可以改善一下自己與人互動的方式。有些實習生或許對權威人士的私人議題（如家長、教師或上司）一直無法突破，找人諮詢或個人治療，此正其時也！

有些實習生在同一機構會有同樣實習的同儕（兼職或全職），彼此之間或許來自不同的諮商師培育機構，若有更多交流與互相學習的機會，可不要輕易放過！一來可以建立起自己在諮商界的人脈與資源，二來可以從不同背景與觀點學習，倘若該機構有團體督導（團督）的安排，更可以熟悉不同案例與問題、拓展自己的經驗值。有時候機構可能要求實習生一起帶團體或計畫、執行活動，實習生可以學習到如何創發思考、截長補短，認識不同特性或性格者的優勢，以及有效合作的方式。

四、督導不是唯一諮詢對象

有些實習生會將專業的直屬督導視為唯一諮詢的對象，這其實是很大的誤解。雖然實習生可能各有一位專業督導與行政督導，但是有關機構服務的各項事務，需要熟悉或了解時，都可以諮詢機構中的所

有人員，因此實習生在實習機構也要努力經營人際關係。或許實習生會將自己視為機構中「最小咖」、沒有舉足輕重的地位，然而正是這樣的身分，才可以「子入太廟每事問」而不遭受白眼，這也是一項美麗的特權，可以請求許多人的協助來完成工作。雖然機構會聘請一位諮商師擔任你／妳的專業督導，在行政事務上可以請教行政督導，但是機構中的人員都是我們可以請教、尋求協助的對象，因此與其維持良好互動及關係非常重要，況且有些實習生的專業督導是外聘的，實習生絕大多數時間是與機構內的人一起，更要注重關係之經營。倘若遇到專業倫理相關議題，除了請教專業督導或機構內成員之外，也可以將觸角延伸到機構外的法律或其他領域的專家資源。

實習生可能在許多方面都缺乏自信，但是自己必須要踏出勇敢的第一步，有什麼不懂、有想法或計畫，都可以徵詢他人意見，慢慢地自己會學習到經驗與智慧，就不必凡事戰戰兢兢、不敢妄動。機構內有許多雙眼睛在看，也會口耳相傳，不必因此而覺得擔心或害怕，相信機構也期待看見實習生真實的一面與進步的表現。

五、待人接物的表現

有些實習生雖然被安排在前面櫃台，或是前面櫃台以流輪方式值班，卻非常不懂待人接物的基本禮貌，甚至還有實習生將其歸為「非自己本分之工作」。有時候機構有客人來訪，機構內成員大概也會有遞茶水的一些招待動作，當然最好是誰有空就來做，不要變成是實習

生的「專屬」工作，這些都可以接受。許多當事人是鼓足勇氣才來求助，或者是進來機構不知道該如何自處、不了解標準程序，此時實習生可以主動迎接或詢問，協助潛在當事人進行了解。我們近年發現許多實習生往往是坐在自己位置上，即便見到有人進來，也會忙於自己的報告或手中事務，有時候還會假裝沒看見、示意他人去招呼，這些都是令人傻眼的行為，看在一般人眼裡都是「不正常」的表現。

我們常說當事人在諮商情境中會展現出自己的人際型態，實習生在實習機構當然也容易顯現出自己與人互動的模式，不管是專業、行政督導或是機構內人員，都會觀察到這些現象。倘若待人接物良好，自然獲得賞識；假如很被動，甚至態度不積極，也會讓人記在心裡。

4-2　實習是專業之路的開始

從學生兼職實習開始，就已經展開其專業之路，畢竟諮商圈很小，學生申請全職實習機構時，該機構也會探聽學生兼職實習時的情況，以為篩選之依據，而學生在全職實習機構的表現，當然也會成為未來生涯發展的踏腳石或絆腳石。

兼職實習也是考驗實習生在碩三全年獨立作業很重要的關鍵期，倘若學生願意去嘗試、態度積極進取，加上願意持續學習，基本上就具備了獨立作業的先決條件。當然，雖然兼職實習有最低服務項目時數（如直接服務○小時、諮商團體○小時）的規定，一般學生實習時

數都會超過許多，這表示學生願意多學習的積極態度（同時也說明機構本身可以提供滿足實習項目的程度）。在兼職實習之前的準備有哪些？

一、心態上的準備

　　諮商實習最難的是態度上的改變。許多學生在實習過程中展現了自己的個性與態度，有時候並不一定適當，尤其是一些學生，在實習機構沒有明確規定的情況下，仍堅持自己的髮型（如削一邊髮或染黑色以外的髮色）與穿著（如破爛的牛仔褲或較能突顯身材的服裝），甚至跤拖鞋進來，督導屢勸不聽，也只能隨他去，畢竟未來學生自己求職或是面試時，讓這些重要機構的人物來提點他們吧！

　　有些較為懶散、做事不踏實的學生，在實習現場真的很容易「現形」，有時候不僅毀了自己的實習，還牽連到後來學弟妹的實習、系所的聲望。或許現在數位時代的孩子與之前的有許多差異，較自我中心、不喜他人糾正，然而站在教師的立場還是會耳提面命，學生受不受教就在於自己了！

　　每一回接案之前，諮商師都要提前到場，不要匆忙趕到或遲到。與當事人第一次晤談前，還需要詳細閱讀當事人所填寫的基本資料（包括當事人個人資料、有無求助經驗、主訴問題為何、有無相關測驗資料與結果），這些可以協助諮商師建立一些假設或是準備想問的問題，有時還需要先去閱讀與補充相關資訊（如強迫症的最新研究與

處遇方式），或準備相關評估或測驗（如生涯量表、憂鬱量表）、牌卡或其他媒材。讓自己準備好面對當事人，心態上要讓自己減緩焦慮（是的，即便是資深諮商師也會焦慮），身體上的放鬆可以做深呼吸、正念冥想等，讓自己可以較冷靜、情緒上不緊繃。即便是資深諮商師，在面對新的當事人時，也會焦慮與緊張，或是擔心自己能不能做有效協助，因此也需要一些事前的準備與定心動作，讓自己可以更專注、發揮更大效能。

　　然而，在學校或一些醫療機構，會有較多轉介過來的當事人，轉介人（如家長或教師）會期待諮商師協助當事人一些事項（或是諮商目標）。新手諮商師有時候會忘記自己眞正服務的對象是當事人而非轉介人，因此往往會朝轉介人所建議的目標走，事實上這樣的諮商目標可能就不對（像是要當事人完成作業、不偷竊），當然也無法顧及當事人的眞正福祉，因此諮商師需要花時間與心力去傾聽當事人，看看其眞正需求與議題爲何（如被霸凌、引起注意），接下來才能設立較切實的諮商目標，因此在若干情況下，先將轉介單放在一邊，不要讓自己有先入爲主的偏見，眞正與當事人開始工作。

二、能力上的準備

　　較具系統的諮商師訓練課程應該是從普通心理學、人類發展（或人格心理學、社會心理學）、輔導原理與實務、諮商理論與技術、助人歷程與技巧、個別諮商、團體諮商、家庭治療等，一系列從淺到深

的課程安排，接著才是針對不同服務對象或族群（如兒童與青少年諮商、老年諮商、上癮行為或藥物濫用）以及不同學派（如人本、現實治療、認知治療、焦點解決等）做更深入的探討與實作。但是一般研究生通常在還沒有準備好的情況下，就要開始兼職實習，然後在論文進行時同時修習碩三全職實習，往往造成碩三實習初期的兵荒馬亂。

　　訓練諮商師的研究所課程，通常是針對一般健康成人為服務目標來設計，如果諮商師需要進一步專為不同年齡層或族群提供治療服務、針對不同的議題（如上癮、心理疾病）或不同理論取向（如認知行為、現實治療、敘事治療等），也都需要靠自己選修相關的課程、參加相關的研討會或訓練，以及閱讀理論與研究文獻，甚至在督導監督指導的情況下練習精熟，才能夠慢慢將此作為自己的專長。多半學生在碩班課程裡，只是以完成諮商師高等考試執照的科目為主，其他選修的空間很少（即便系所提供了一些選修課程），因此若學生選擇國小或國中作為實習場域，最基本的遊戲治療或者是兒童及青少年發展的知能都嚴重缺乏，更遑論進一步使用，以這樣的準備度進入實習現場，無疑是不足、甚至很危險。我們見過許多實習生在運用所謂的遊戲治療，但是卻毫無進展，甚至不知道真正的遊戲治療該怎麼做，完全以自己對遊戲治療的「認識」來進行（有些甚至以為利用遊戲為媒材就是遊戲治療），這就大大違反了專業倫理所謂的「以當事人最佳福祉為考量」，同時也違反了諮商師「應該提供合乎標準的服務給當事人」的原則！對於這些學藝不精，卻自信過高的實習生，督導責

無旁貸，需要嚴格要求其補正，要不然就讓其不及格，以免傷害更多人！

此外，學生帶領班級輔導時缺乏教室管理技巧，帶領諮商團體上的能力與反應力不足，甚至是在團體中做個別諮商，忽略了其他成員，更有些學生缺乏待人接物的基本訓練，這些也都是實習的挑戰。

三、個案概念化能力

實習生在接案之後，在與當事人晤談過程中會蒐集相關資料，甚至做一些必要的測驗，但最難的部分就是依據所蒐集到的資訊進行「個案概念化」。由於實習學生的臨床經驗或生命經驗不夠，所以很容易陷入當事人主訴的問題當中，忘了去做較縝密的觀察以及評估，因此常常會被當事人牽著走，失去治療焦點或自己的客觀性。

個案概念化可以分為幾個層次：（一）當事人的問題——主要求助（主訴）的問題為何？當事人對自己問題的看法如何？當事人所呈現各個問題間的關聯性與一致性如何？希望處理問題的先後次序為何？（二）當事人問題的演變——問題出現的時間、頻率、強度與持續度，問題形成與發展，曾經嘗試的解決方式以及結果，問題對當事人造成的影響，以及問題產生的附帶效益；（三）當事人的求助原因——引發當事人求助的起因，及為何希望達成的求助目標；（四）與當事人問題的相關因素為何——個人背景、生理、人格、早期經驗、認知、情感、行為、人際、環境、阻力與助力等相關因素；

（五）諮商師對當事人問題的判斷如何──對當事人問題的假設、診斷與理論取向。接著諮商師擬定諮商計畫與策略，並預估改變成果（賀孝銘，1999，引自連廷嘉，2019）。

新手諮商師在個案概念化部分較無自信，且容易將問題單一化。其實不必要求自己在第一次晤談就完成個案概念化，而是隨著資訊蒐集越來越完整，對當事人的議題也更清楚其可能脈絡、原因以及處置方向時，個案概念化就會越準確。將當事人提供的資訊、重要他人或轉介人提供的訊息，以及其他像是測驗或量表等資訊（倘若在國中小學校，不妨也聽聽其他教職員的觀察），或是在其他場合進行觀察或資料蒐集，會讓自己更清楚當事人的生活全貌。倘若可以用自己喜歡或是熟悉的理論做初步梳理也是不錯的。注意：個案概念化不是一次完成，而是在治療過程中不斷地修正。

四、熟悉與了解倫理原則、法律和議題

實習生最容易在遭遇倫理議題時沒有警覺性，甚至延遲至督導時間才提出，有時候督導也無法有效處理或協助。實習生即便上過倫理課程，但都是原則與案例的提點，沒有經歷過實際事件，不一定會有所警覺，甚至是進一步採取適當行動，在校或駐地督導都有責任提醒，必要時提供具體協助。

實習機構非法使用學生測驗資料、督導對實習生性騷擾或要實習生影印測驗，或是實習生在沒有專業訓練的前提下使用診斷測驗，這

些都是曾經發生過的倫理議題。此外，全職實習生與督導關係密切，有些督導沒有嚴守專業界限，甚至假借自己權位性剝削實習生也所在多有，這是實習生與在校督導要特別注意的部分。實習生或礙於評分大權在對方手上、擔心自己實習不及格，於是屈從督導的無理剝削、敢怒不敢言，這都是諮商界之恥，助人專業者理應挺身而出、責無旁貸，也為準諮商師樹立正確楷模。實習生因為權位最小，督導又是指導與評分者，因此對於督導關係的拿捏通常感覺無力或無助，倘若遇到一位正直、道德高尚的督導，自然感覺三生有幸，但是若遇到怪怪的督導，或是感覺不對勁時，趕快詢問第二個人或是在校督導的意見。此外，隨時複習專業相關倫理及法律，或是有固定的同儕督導是很重要的。

　　實習生對於可能遇到的法律議題，需要多多涉獵，像是一般的性別平等工作法、性別平等教育法、家暴法、家庭事件處理法、少年事件處理法等等，都要有粗淺的熟悉與了解，同時也要知道有哪些法律資源可以協助。

五、慢慢建立核心理論

　　實習生通常在與當事人晤談超過三次之後，感覺會在原地打轉、卡住，或是不知道將當事人帶往何處去，即便有些準諮商師已經與當事人晤談一學期以上，不是無法深入討論，就是治療沒有進度，這當然是很嚴重的問題。學校課程通常會教導一些簡易的個案概念化程

序，但是必須要有核心取向或理論，才能夠進一步定義問題、規劃處置方向與行動，也才能做有效治療。

要求新手諮商師有自己的核心理論有點不合理，但是至少可以依據自己所學的理論（包括人類發展、社會學、諮商理論等），儘量釐清當事人的脈絡與議題，每一回晤談前都先做上次晤談的回顧、思考可以進行的方向，並善用督導時間。

許多新手諮商師在與當事人做治療時，即便經過了多次的晤談，治療關係也穩定建立了，卻遲遲不敢深入，其原因可能是害怕破壞治療關係，或是無法切入做更深層次的討論。通常諮商師可以使用面質或挑戰的技巧，讓當事人檢視自己所談及的內容或前後脈絡。若諮商師不熟悉這些技巧或不敢使用，也可以多加利用「立即性」技巧，用來檢視諮商關係以及當事人的進展。

這就好比我們訓練一般師資，往往花了幾年時間培育一位專任教師，在實習現場卻發現學生還是沿用其歷年來受教的方式教學，之前幾年的訓練幾乎派不上用場那樣令人氣沮，但是慢慢經過督導經驗與提醒，教學技巧與教室管理知能就能增進，蛻變成一位成熟的教學者。這當然也意味著學生本身必須要花費心力、努力經營與學習，方能慢慢摸索出自己的理論取向並真正運用。

六、培養專業態度

實習生接案也是如履薄冰，會擔心自己無法有效協助當事人。在

兼職實習時，或許因為初次擔任臨床工作，因此有些督導會先為實習生篩選個案，或是不會將難度太高或複雜的個案給實習生，然而實習生需要慢慢讓自己成為有經驗的諮商師，不同案例都試著接接看，畢竟還有督導可協助、諮詢，唯有接觸不同的當事人，才會有第一手的經驗，往後就比較不需要擔心。筆者常常告訴諮商所同學：「當事人是我們最好的老師。」也感謝當事人願意信任、做我們的實驗品，協助我們往專業之途邁進。

諮商實習生如何培養專業的態度？（一）不逃避困難的個案：即便是第一次接案，也要專心聆聽與陪伴；（二）不汲於急效：不要無謂期待要讓每一位當事人都「好過」或問題獲得解決，畢竟諮商助人不會是立竿見影，但至少會看到當事人慢慢進步，情緒得到管理，發揮自己的力量；（三）謙虛不自滿：專業助人的路漫長，但是隨時提升知能，願意承認自己之不足，就會更有動力去學習、改進；（四）以尊重、開放、信任的心對待周遭的人與當事人：選擇諮商助人專業者通常不期待自己據此發大財，主要是因為喜歡人、接近人，也希望協助他人，創造自己的生命意義，因此諮商師最大的酬賞應該是與人的關係。以尊重、開放、信任的心對待周遭的人，不是要討好或取悅，而是期待自己也這樣被對待，這是諮商師最普遍的世界觀。

4-3 實習生如何補足專業知能與技巧

一、下修課程補足起跑點

目前許多諮商所不會硬性要求本科系相關的學生才能進諮商所，而是採取較寬鬆方式，要求非本科系者下修大學部基礎課程（而且每個系所規定不一）。非本科系畢業同學經過考試篩選進來，大部分的諮商所會要求研究生下修大學部課程（通常以三科為限，且各系所規定不同），然而修課並不表示具備了該門學科知能，因此熟讀相關書籍、好好認真上課，特別是教師要求的實習或實務作業要確實執行，畢竟在授課教師的引導下，學習會較有成效。有少數研究生認為自己能考進研究所，基本上就具備了考科的知識，這是很大的誤解，有時候反映在下修課程上的表現就是慵懶、不在意，甚至在作業表現上敷衍、馬虎，這樣的學習態度在實際研究所課程上也不會有所改進，卻會反映出其真實的處世態度。

二、團體經驗與知能

多年的教學經驗中，我發現學生最不熟悉的是團體諮商，因為自身參與團體機會少、缺乏實務經驗，就要硬著頭皮獨力擔任團體領導，是問題出現最多的部分。

兼職或全職實習生最大的困難在於團體經驗不足、難以獨當一

面，雖然在學校修過「團體諮商」，但是只有三個小時的課程，遠遠不敷應用。許多諮商師培育者在上團體諮商時，爲了增進學生的團體知能，通常會要求學生參與團體、試著與同儕一起帶領團體，再加上教師示範帶領團體，但是這些經驗值是不夠的，畢竟學生都只有少數團體參與及帶領經驗，要眞正可以獨當一面、設計與帶領諮商團體，還需要學生自己刻意多參與、學習。

此外，絕大部分學生沒有團體方案設計的訓練，或許設計一次團體還可以，但是連續六次以上的團體就會有問題，因爲無法有邏輯地呈現內容，或是依據團體現況做調整；還有許多學生會在團體中做「個別諮商」，也就是花太多時間在某位成員身上，導致其他成員覺得自己被忽略、無聊；也有學生認爲團體就是將自己設計的流程跑完，無法讓團體眞正發揮效能；還有學生只用牌卡爲唯一媒介，卻與團體主要的目的無關；也有學生在帶領團體時，無法催化成員互動，變成個人在自說自話。這些都呈現了團體知能嚴重不足。

許多學生在實習時會與另外一位夥伴一起帶領團體，這考驗了彼此之間的溝通、默契與合作。實習生在眞正單獨領導諮商團體之前，授課教師或許就會要求學生以「共同」或「協同」領導方式帶領團體，但是彼此的責任與分工應該是50%，學生都會將其分爲「主要領導者」與「協同領導」，導致一人爲主、一人爲副的領導方式，與原本的「協同領導」相距甚遠。

Corey 與Corey（2011/2013, pp. 433-434）列出協同領導的優點

有：成員可自不同領導者的觀點獲益、不同領導者的特別焦點與催化、處理團體正在發生的事與計畫未來團體、確認與澄清出現在團體中的反移情。協同領導當然也有缺點：領導者關係可能讓團體過程複雜化，領導者彼此之間的關係若是競爭、缺乏溝通或過度依賴，也都可能讓團體產生許多變數。

　　實習生在擔任團體工作前需要提前設計團體計畫，並讓在校或駐地督導看過、甚至討論過，若有協同領導者要一起設計並互相討論。實際進行團體時請注意幾個要點：（一）團體計畫要先擬定，並準備隨時做適當修正，團體中進行的活動要以團體主題相關；（二）設計團體前應對團體主題有相當認識，並對參與人員之發展階段與生命任務有所知悉；（三）團體是全體成員的，不是領導者自己的，因此團體的進行不是「跑完」領導者所設計的流程；（四）領導者的工作是進行聆聽、連結、統整、催化等，並將團體的問題拿到團體中討論與解決；（五）團體中成員有特殊議題要討論，不要在團體中做個別諮商，若可連結該成員之問題到其他成員身上最佳；（六）時時將團體目的放在心上，就不容易讓團體失焦；（七）每一次團體最好都好好開始、好好結束，最後一次團體要花足夠的時間做結束；（八）隨時評估團體進度與效果，並提供適當回饋。

團體領導養成最佳流程

參與不同形式（結構、半結構或無結構）、目標（訓練、教育及諮商）的團體→觀察他人帶領團體→與有經驗之領導一起帶領團體→與同儕一起帶領團體（擔任協同領導）→自己獨力帶領團體。

三、閱讀、參與工作坊與演說

　　諮商所提供的資源有限，除了課程之外，諮商所也會以工作坊、演說、讀書會等方式來補足或訓練學生所需要的知能，當然更積極的學生會從校外找更多資源、主動參與，授課教師對此也都是鼓勵的。然而，我們也看到學生對於學校（含系所）內所安排的演說與工作坊參與願意不高，有些活動是因為規定要參與，學生並不一定會感激有這樣的安排，這是近幾年來系所感覺較無力的部分。當然，部分原因是學生有自己感興趣的主題，或被新鮮較夯的演說吸引，但也可能因此框限了自己的選擇與學習範疇。

　　閱讀是筆者認為最便捷的方式，況且現在翻譯書很多、版本很新近，學生往往可以接收到最新的資訊。觀賞大師級的接案與錄影，以及閱讀大師們的逐字稿，都是貼近與了解該學派的不二法門。筆者常對學生說明：「每位作者都是以自己的方式詮釋學派與其運用，因此你們也會做同樣的事——在閱讀與實作更多有關自己的核心理論之後，你也用自己的方式詮釋該學派。」初學諮商時，很容易將其他專

家當作權威，以為他們所說的都是真理，只有當自己成為更進階的實務工作者、閱讀更多之後，就會慢慢跳脫那個自信不足的位置，也有了更寬廣、犀利的視角。

四、自我督導與訓練

倘若在時間、交通或資源的考量下，無法多參與校外活動，實習生的「自我督導」可以補足這方面的欠缺，而且非常實用。除了以錄影、錄音、逐字稿、接案紀錄與反思札記等方式，讓自己更清楚諮商過程、架構、思考與技術運用外，技術方面需要靠自己不斷練習、與他人練習，慢慢地還能夠創發自己可以運用的技巧。當然，最好還是偶而以其他方式的督導來補足自己的盲點。平日訓練諮商師課程，除了專業大師級所示範的錄影帶外，還可以觀賞目前市面上有的諮商錄影示範的影音碟，或重看自己諮商的過程；此外有些電影或是電視劇，也可以用來訓練自己的個案概念化，或是對於諮商策略有新的創發思考。

4-4 倫理與法律議題

實習諮商師最容易在實務現場中遭遇到倫理或法律的議題，即便上過專業倫理的課程，但是沒有遇到實際的情況，許多應該有的警覺性還是欠缺，而對於相關法令也缺乏了解，因此在諮商師教育裡，授

課教師經常提醒實習生：「如果感覺不對勁，就應該注意或呈報。」不管是向駐地或在校督導提報，還是其他在實務現場／機構的人員，都能夠提出自己的觀察與感受，多一個人商議會比較準確（當然最好是適當的對象——也就是對方也了解諮商專業的相關倫理原則）。許多倫理的議題，若沒有經過自我覺察，甚至是經常提醒的話，往往會被忽略或合理化，所造成的傷害，如果能夠彌補，當然是小事，若不能及時採取行動修正或修復，所造成的傷害會更嚴重。許多實習生有時在意識到「不對勁」時，找不到督導討論，往往就略過或遺忘，甚或有時警覺到是自己的失誤，卻不敢坦誠告知督導或相關人員，後來可能就造成滾雪球似的重大傷害！專業倫理是同儕監督與同業自律的本質（林家興，2017, p. 116），不僅要時時自我覺察、自我約束，還需要與時俱進、多與同儕討論並彼此提醒。

　　我們曾經在實習現場碰到實習生遭受督導的性騷擾、性侵，甚至是霸凌或威權脅迫要實習生從事自己不願意的行為，也有督導要學生非法影印測驗，還有督導在沒有獲得該校學生的同意下，想要利用學生所做的線上測驗來撰寫自己的論文，另外，也碰到督導自己投稿的論文，要繳交時找不到合作的作者簽名，就硬逼實習生代為簽名（偽造文書）。這種種倫理及法律的議題，學生若無覺察、感覺不對勁，然後進一步呈報給相關督導知道的話，後果將不堪設想！這也反映了許多督導是不合格的，未能謹守專業倫理守則。

　　曾有督導性騷擾實習生，而且威迫她說：「我們這個圈子很小，

妳隨時都會碰到我！」實習生在人生歷練不足的情況下，很容易就被脅迫，甚至委屈求全，對於實習生的身心狀況影響甚大！實習生與督導的關係極爲複雜，倘若能夠謹守督導與實習生之間的專業關係，一切都好辦！不管是督導或學生本身的性格或是行爲問題所造成的倫理失誤，其實都讓人覺得遺憾！就實習生本身來說，他／她是站在受訓練者／被評估的位置，因此若督導濫用權力、脅迫實習生做一些非自願或不符合倫理的行爲，實習生通常敢怒不敢言，而許多的倫理問題都是事後才發現，到時候要舉證、處理或者是通報相關倫理委員會，都爲時甚晚、多半不能成案。更扯的是有一位碩三實習生知道自己成績會不及格，竟將實習過程中的個案紀錄影印，當作申請另一諮商所之「佐證資料」，若不是學校發現問題、提早警告，該生眞的以爲自己可以豁免刑罰。

實習生是網路世代的成員，現在手機、臉書與IG幾乎是生活的一部分，實習生要注意不要將自己的資料輕易外洩，或是不小心洩漏當事人的資訊。有些實習生習慣用臉書發表生活感言，有些甚至會刻意提到自己接案的情況，這些都很容易「意外」洩漏個資或讓不肖人士有機可趁，因此使用網路的情況要有所節制，雖然不少諮商師希望藉由網路達成自我宣傳等效果，但是助人專業畢竟不是演藝事業，較低調的生活可能對諮商師的專業聲望較佳。動力取向的治療師也可能因爲透露太多個人訊息在網路上，導致當事人較難投射內心思考與感受，反而造成治療的困難（林家興，2017, p. 112）。

第五部分

實習過程與注意事項

5-1 接案準備

　　通常實習生在正式接案之前，若有機會在附近學校或機構擔任諮商義工服務，可以讓自己更熟悉諮商協助工作、較不膽怯。當然在接案之前，實習單位會希望實習生擁有人類發展、基本諮商理論及個案概念化的能力，同時練習與熟悉基本技術，在心態上有相當的預備程度。心態上的準備主要是讓自己願意接受挑戰、不要過度焦慮，而在接案之前，可以瀏覽當事人的基本資料、主訴問題以及所關切的議題等，在心理上先有一些假設，或者是根據手上現有的一些資料，思考有沒有初步的診斷或者是處理的方向？而在情緒上，可以讓自己像在面對考試前一樣，做一些簡單的放鬆動作，比如說深呼吸、閉眼，或做一些靜觀或冥思動作，這些都有助於我們在面臨與當事人晤談時的準備。當然當事人在面對諮商師時，也會有自己的焦慮與擔心，實習生不妨開誠布公地承認自己也有一些焦慮與擔心，但是很願意跟當事人一起來看看問題，尋求更有效的解決方式。

　　通常個案紀錄是在晤談之後撰寫，兩三天以內完成似乎也不是太

大的問題，但若曠日持久，可能就會有許多疏漏。若實習生本身記憶較差，在接案時，若有必要，也可以詢問當事人自己可否一邊做筆記，這樣比較不會在晤談過後忘記一些重要細節，因為有時接案的焦慮會造成記憶的缺漏。

一、個案概念化

諮商師與當事人晤談時，也在慢慢蒐集當事人與關切議題的相關資料，以作為問題診斷與處遇計畫的基礎，「個案概念化」（case conceptualization）就是以上這些動作的統整。諮商師需要將與當事人在初次晤談時所蒐集的資料做分析、思考與整合，然後擬定出可以執行的諮商計畫，就是「個案概念化」，其內容包含定義主述問題、問題起因與由來、治療目標、達成目標步驟，同時留意當事人的發展、文化、環境脈絡、相關成長歷史、家庭背景與資源等（Magnuson & Norem, 2015/2015, p. 123）。諮商師如何依據手中既有的資料，來進行研判與評估，做出有效的策略或方向來協助當事人？

「個案概念化」是諮商師最重要的基本能力之一，需要理論基礎的支持，其目的是協助諮商師做重要的治療決定，引導治療師處理個案、運用適當的技巧，甚至用來影響當事人行為、評估治療結果（Reiter, 2014, p. 3）。要不然諮商師與當事人晤談兩三次之後，就會不知將當事人帶往何處去。為何需要個案概念化的能力？主要是諮商師可以接觸與組織當事人的相關資訊，協助當事人達成其諮商目

標。諮商師接觸一個個案時，對於當事人的主訴或關切問題或有一些假設，而這些假設可以協助諮商師去建構當事人的抱怨或問題，以及可能的解決之道。以家族治療師來說，個案概念化可以讓諮商師了解問題是如何成形的、又是如何持續的，以及治療師可以做的改變爲何（Reiter, 2014, p. 2）？

　　諮商師在做個案概念化時，也就是呈現其核心理論的時候，然而，諮商師要特別注意：一切以當事人「客製化」爲主，而不是硬生生地套用自己的核心理念。新手諮商師因爲理論的基礎不足，也較欠缺臨床經驗，因此在接觸當事人時，往往晤談超過三次之後，就可能在原地打轉，這也說明了理論基本功的重要性。通常在大學部，心輔相關科系學生可以按部就班接受諮商理論的基礎訓練，一般是從輔導原理與實務開始，然後是諮商理論、助人歷程、個別諮商，接著進入不同學派或取向的諮商理論（如人本學派、認知行爲、精神分析、後現代或劃分更細的學派），最後才是理論與實務整合性的團體諮商或家族治療課程。碩班的課程是爲了諮商師考試而設，因此科目不多，所以要在短短兩年內就將所有諮商理論學得精熟並不容易，因爲接下來就要進入諮商現場實習，許多諮商師培訓課程都礙於修業年限，面臨無法以有邏輯、循序漸進的有效方式進行課程教學，因此教師都會鼓勵學生多做閱讀、義工，企圖將理論與實際做更迅速的結合。

　　一般說來，當事人帶來的議題或問題都是多面向的，可能是許多因素所造成，因此到底該先解決哪一個問題，通常是依照當事人的

決定，然而諮商師若直覺上認為當事人可能處於危機狀態，就應該先解決危機問題。若當事人的問題是屬於情緒方面的，理應採用與情緒相關的處置策略，要不然當事人可能會認為治療師不了解其問題癥結（Hackney & Cormier, 2009, p. 155），這當然也涉及到諮商師本身的核心理論。沒有通用的理論，每一個理論只對某些議題或當事人有效果，因此諮商師也要涉獵或熟悉不同的理論，才可能因應當事人需求量身打造做有效的處理。

個案概念化需要考慮（Hackney & Cormier, 2009, p. 150）
・諮商理論基礎。
・了解當事人的世界觀（如何看待與解釋生活經驗）。
・診斷的正確度。
・治療目標。
・時間取向（問題持續多久、要改變需時多久、當事人危機情況）。
・處遇策略。
・當事人特色（如背景、人際關係與合作意願等）。

系統化的個案概念化模式（Gehart, 2010, as cited in Reiter, 2014, p. 10）
1. 了解並確認誰是當事人。
2. 呈現問題或關切議題的描述。
3. 蒐集相關背景資料。
4. 做系統性評估。
5. 繪製家族圖（了解問題脈絡與可用資源）。
6. 當事人觀點（從當事人角度來看問題）。

個案概念化模式與流程

蒐集當事人相關背景與問題資訊
當事人性別、出生序、原生家庭家庭圖、家人關係、種族、職業、重要生命
事件、問題描述、過去諮商或醫療史、支持系統、生活功能檢視等。

形成主訴問題概念
依據諮商師自己相信的取向或理論，擷取重要問題線索，將當事人所敘述與
諮商師所觀察的資料做統整，列出可能問題的優先次序

依照優先次序列出治療目標
徵詢當事人意見與協調，列出需要處理問題的優先次序，有時候一個大問題
下面有不同的子問題，或是不同問題糾結在一起、需要分別列出。

依照優先次序，以腦力激盪方式，分別臚列可以介入或處置方式與考量
儘量仔細、具體，若需要團隊支援，也應列出支援事項。

可行的處置方式
就列出的可能處置方式與方向做篩選，擬定計畫在諮商中進行，並隨時依據
出現的新資訊與當事人狀況做調整或修正。

進行治療（過程中固定做評估）

二、團體計畫與修正

許多實習生（不管是兼職還是全職實習生）唯一的擔心就是自己的實習項目時數能否獲得滿足，而實習生所要滿足的項目裡面比較難達成的是團體諮商以及測驗或衡鑑的時數。即使該實習機構未能滿足測驗所需時數，但是同儕之間可以互相支援、到不同機構或學校協助施測作業，就不必擔心。

在團體諮商方面，許多在大專院校甚至在私人心理診所實習的實習生，無法招徠足夠的團體成員，在成員有限的情況下，當然也無法做事先的篩選，最大的問題之一是許多學生在實習之前都還沒有「準備好」——包括要先去了解實習機構或所在地區的文化、潛在當事人可能的需求是什麼，然後依照這些需求來打造特別議題、為特定族群所做的團體計畫。團體計畫必須要在正式實習之前就先擬定好，要不然很多學校或心理中心會擔心參與人數不足，因此就先讓實習生先行招生，而這樣所招徠的成員並不一定符合團體的目標，因此在整個團體進行過程中常常會有人數不足、人數流失等等狀況出現。

倘若學生要到大專院校去實習，那就要先去了解這個學校例行的團體主題為何？學生們有沒有新的挑戰或需求？然後根據這些原則先行設計好團體（通常是進行八至十二次，一次可能是二到三小時不等，以成人成員來計，一人乘以二十分鐘，就可以約略知道一次團體所需時間）內容以及進行方式，接著就可以與在校或駐地督導討論：

這樣的計畫可行性多高？有沒有需要注意的事項？督導就可以在檢視團體計畫後，提點實習生在進行團體時需要注意哪些事項，甚至是每進行完一次團體，除了檢討之外，還會針對下一次要進行的內容做適當的調整。

　　較周全的諮商團體計畫是：永遠準備好B（或備案）計畫。許多實習生的想法很直線，認為自己只要好好將團體計畫跑過一遍就可以了，全然忽略了團體中許多動力、變化與環境因素。原本計畫好的活動可能因為進行不順、無法激發深刻的討論，或是偏離主題，所以要以另一個活動取代，而備案的活動就可以拿出來，這就如同魏氏智力測驗一樣：萬一施測者進行某個測驗有失誤，就可以進行另一替代測驗。團體最大的變數是成員，如同班級輔導一樣，即便是同一計畫，在不同班級進行就會因為班級風氣、成員組成、時間控制等因素，而需要做及時的調整或修正，有時候團體成員在一個議題上花很多時間討論，耽誤了接下來的活動，團體領導者都要有彈性的應變能力，判斷是否要就此話題繼續、因為偏離焦點而喊卡，或因為此回團體時間即將結束、不宜繼續探索，需要延至下一次團體做充分討論等。

　　許多學生將團體視為「自己」的團體——也就是把自己設計的流程跑完，不管團體成員的回應或者互動的情況如何，這樣其實不叫做團體。實習生擔任團體領導最重要的工作是「催化者」（facilitator），團體是成員們的團體，他們自然會跑出自己的生命，因此凡是在團體中發生的任何事件，也都應該在團體中討論與解

決，這是很棒的一種人際學習。有少數學生會在團體中進行個別諮商（大多只針對一個人互動，試圖解決其所提的議題），這也是不適當的。

心靈小站
團體領導者最容易犯的錯誤：將團體視為自己的、認為團體就是將自己設計的行程跑完、缺乏備案計畫、缺乏彈性與創意、無法聚焦（會跟著團體成員走，但無法拉回主軸）、擔心面質或挑戰得罪成員、在團體內做個別諮商、無法讓成員間有更多互動交流的機會、無法處理團體內之不同意見或衝突、無法將每次團體好好開始與結束、容易在團體剩下時間不多時開啟新議題、在團體即將結束時才提醒或匆匆結束等。

三、創意與彈性

隨著經驗值與諮商師自我的成長，諮商師更能夠理解理論與實務的契合、理論的精髓與適用的情境或當事人，熟練與善用適當技巧，還有能力創發新的技巧。諮商師在實際運用諮商技術時，會注意到諮商理論與技術的「在地化」與「適性」程度。有些技巧因為社會文化背景不同，不一定使得上手，因此要做適度的變更與調整；接著諮商師就會開始創發一些新的技巧或是量表，更有效地促進諮商進行與效果，當然這些創作發明必須要經過臨床與研究證實者為佳。諮商師本身的進修與進步是當事人之福，正因為諮商是在處理人世間會遭遇到的問題或挑戰，因此諮商師也要貼近生活，才能夠貼近當事人。儘管

諮商師不一定會經歷到當事人所經驗的，但是至少願意去了解、陪伴，甚至研讀相關書籍（不一定與專業有關）或觀賞影片，也都可以讓我們更靠近當事人與其經驗，進一步做出適切的處理與協助。

　　實習生由於經驗不足，在臨床現場會較遵循既有的規則，但是要注意，不管是諮商理論或技術的使用，甚至是諮商過程，也都需要以當事人為主、為其量身打造，做適當的彈性調整與創意發揮。

四、找尋自己的核心理論

　　許多剛入門的諮商師很擔心自己沒有所謂的「核心理論」，事實上核心理論可能是若干學派的整合，而非單純一個；或許也擔心自己在與當事人晤談幾次之後，會在原地打轉、失去方向，或是無法深入。對新手諮商師而言，尤其是對第一次實習的諮商心理師來說，要能夠知道自己的核心理論並不容易，但是至少修過基礎的心理學、人類發展，以及諮商理論的課程，這些都可以是個案概念化的基礎。倘若實習生對自己的了解足夠，或許可以從不同的諮商取向裡面試圖探索更深、了解自己喜歡的理論取向可能是什麼。通常「可以解釋自己生命經驗的理論」是慢慢建立自己核心理論的初步。為什麼這樣說呢？因為放眼所有的諮商理論創作者，他們的人性觀、對世界及問題的看法，不就與他們自己的成長經驗息息相關嗎？

　　課程實習生通常是以最容易入手的理論開始，像是認知行為或是焦點解決，但是要將理論確實地運用到實際治療場域都需要練習、

累積經驗與大量閱讀，諮商系所的教師通常會告訴學生：不妨從將理論運用到自己的生活中開始。新手諮商師不需要擔心自己沒有核心理論，可以慢慢尋找、練習來養成，尤其是多多閱讀大師級的逐字稿或是觀賞其實作錄影，就可以捉到要訣。實習生在每次接案之前，好好思考一下手中所蒐集到的當事人資料，然後建立對於當事人關切議題的假設，在治療現場再仔細觀察、聆聽，蒐集更多完整資訊來驗證、修改或摒棄自己當初的假設。

Muro與Kottman（1995, pp. 13-14）提出諮商師尋找自己核心理論可能經歷的階段：

1. 探索階段：檢視你個人的價值觀以及對於人與生命的信念為何？因為這些信念會影響到你對當事人生命重要目標的看法，而這些基本的哲學問題也可能會影響到當事人及其重要他人。檢視每一個基本諮商理論的核心觀點，決定這些過程模式與你個人的價值觀及信念是否符合？

2. 檢驗階段：為了要學習你所選擇的理論，不管是在認知或實際體驗上，都需要大量地閱讀有關這個理論的著作，找尋理論的特點是否與你的理念相似或相反？去思考自己同意還是不同意這些觀點？如果你的基本觀點跟他的理念有很大的衝突，可能就必須要放棄這個理論，重新回到探索的階段。接著，測試自己在使用這個理論的觀點和技巧時，你舒適的程度如何？你的個性以及你與他人互動的方式，是不是與這個理論的介入策略相符合？在剛開

始的時候可能會有點僵硬、卡卡的，但是慢慢地你會覺得越來越
自在。

3. 整合階段：你現在對於某個特殊理論已經有充分的認識了，你想
要將其他理論的一些觀點也整合到你慢慢發展的個人理論裡。如
果你選擇要添加其他技術的話，就要想想看這些策略是不是符合
你原先理論的架構？倘若你要將其他理論的元素整合進來的話，
就要考慮到這些理論的架構是否與你原先所選擇的相符？因為整
合有時是困難的，你可以諮詢其他諮商師，這樣的方式可以協助
你更了解自己的想法為何。

4. 個人化階段：在這個階段，你會將自己已經發展的理念持續地運
用在工作中，你想要讓你的介入策略融入你與他人互動的型態
中，你會想要將你的人格成為你諮商互動過程的一部分，此時你
願意花時間以及耐心在整個過程中，你開始會活得像你自己的理
論，而且在與人互動中運用它，它也會成為你的一部分。

5-2 臨床實務議題

一、接案

　　每個機構有其不同的接案流程或規定，實習諮商師該接哪些案
子，考慮到諮商師的實務經驗與有效性、付費與否，以及實習生依其

目前所有的能力可以如何循序漸進地養成專業知能。若干機構會先釐清實習生帶來的基本配備，給予適當的起始點訓練（這些都是合乎專業倫理的），然後跟著督導進入實務現場觀摩、討論，最後才慢慢放手讓實習生單獨接案。

有些實習機構會先由諮商師或個案管理師擔任初次晤談與派案工作，這就有篩選（什麼案子派給誰較適當）的意義在。許多實習生因為經驗不足、不熟悉機構內諮商師的專長，往往不被期待做初次晤談或個案管理工作，但也不能完全排除。倘若有機會接初次晤談，實習生要好好把握，因為可以磨練自己的一些診斷、評估，還有接到潛在當事人的機會。初次晤談通常需要蒐集資料（注意資料蒐集是一直持續的工作），當事人也會有機會將自己的故事與諮商師分享，諮商師可以藉由觀察、晤談線索等，做初步診斷或評估，以利之後的派案；同時，因為一般人不喜歡把自己的故事重複太多次，初次晤談之後，當事人通常會選擇較熟悉自己故事的諮商師（也避免再重述自己的故事）。若是實習生接了初次晤談，就更可能接下這個個案，給了自己多磨練的機會。

有些機構的初次晤談耗時較久，因為要蒐集較多的當事人資料或填具表格，甚至有時候要做初步診斷。有些實習生會在機構的要求下，希望在初次晤談時就蒐集到所有資訊，這有一點強人所難。到底實習生是否應該接初次晤談說法不一，有些機構為了要讓實習生接觸到所有機構的服務事項，或是祭出初次晤談免費的優惠，而讓實習生

做初次晤談的工作，對實習生來說有益有害。好處是實習生可以練習初次晤談之程序與細節、與當事人開始建立關係，當然也逼得實習生要更清楚機構內諮商師的不同專長、讓當事人可做選擇或派案給適當專長之諮商師，而潛在當事人也可能因為與實習生有過第一類接觸，未來選擇實習生擔任諮商師的機會增多；壞處是實習生可能尚不熟稔初次晤談程序、資料蒐羅不全或問太多問題，甚至做了錯誤的初步診斷或派案。

　　儘管諮商在某個層面來說是「談話治療」，但是諮商師不應侷限於以單一口語方式與當事人做諮商，而是按照當事人認知發展與諮商師的專長來做決定；有些實習生認為自己較擅長某一學派，而以此學派之處置方式為主，也不要忘記需要為當事人量身打造適合的學派與處理方式。

二、進行晤談

　　如何進行晤談？該說些什麼？其實最基本的就是願意暫時擱置手邊與心裡的事，全心全意專注聆聽，這是與當事人建立治療同盟的第一步，也是尊重當事人的具體表現。或許不少實習生會說：「光是聽有什麼用？要知道他／她的問題在哪裡，然後怎麼幫助他／她？」當然，光是聆聽是不足的，還需要「聽懂」。傾聽的同時要抓住重點，並與當事人確認自己聽對了沒？所以一些重述、摘要與同理的技術是很重要的，最好能夠「問對問題」，協助當事人繼續說下去，獲得重

要資訊。

有些當事人（包括年齡較小者）或許不太能夠做說明，或是不願意說明，諮商師就要先做準備，有些遊戲、玩具、牌卡或自行設計的「完成語句」，也都可以事先準備好，以備不時之需。偶而若當事人在諮商室裡不自在，也不妨與當事人走出諮商室、在附近閒逛，或許周遭環境與氛圍改變了，當事人較願意說；有些兒童或青少年，在活動或遊戲中較容易開口說話，諮商師也需要做一些改變，不要拘泥於室內。

固然諮商師在進入晤談之前，可能會預設或計畫今天這一次的晤談需要觸及哪些重點，但是不要以此為限，主要還是看當事人的進度來慢慢跟進，這樣的話就會少了壓力與焦慮，讓晤談進行得更順利。

三、初步診斷

諮商師縱然沒有參與初次晤談，在第一次見到當事人時，也持續著資料的蒐集，此外還可以做初步診斷，或依據越來越多的資訊修正之前的診斷或評估。許多實習生在諮商訓練課程內只接觸少數的衡鑑課程（如「變態心理學」、「測驗與診斷」），因此在實務運用上是不足的，需要自己另外閱讀與進修；但因為有過這些初階課程的訓練，實習諮商師還是可以依據當事人的相關資料做診斷或排除某些診斷的思考。診斷的重要性在於為當事人取得更多適當的資源（如身心科醫師、社福協助），甚至釐清是否因為生理症狀而引起的不適，可

以適當減少或舒緩當事人不舒服的情況（如讓睡眠品質更好，不會經常焦慮難安）。此外，是否將診斷納入，各學派的立場或有不同，也與諮商師的信念有關。

有初步診斷後，需要做進一步測驗或確認（如找身心科醫師），或是連結相關資源（社福或警政單位），也都是諮商師分內之事。

四、諮商技術

許多實習生認為諮商是技術的問題，即便是上進階課程（如家族治療），也頻頻詢問「技術在哪裡？」倘若諮商師在與當事人晤談時只在意自己該用哪些技術，這種「見樹不見林」的思考，不僅無法好好聽見當事人所說的，也容易受到自己思慮的干擾，無法達成協助當事人的目的。當然，要新手諮商師「放下」技術一事不容易，這也可以經由慢慢的練習來達成。等到諮商師真正遭遇當事人時才來思考技術，有點為時晚矣，倒不如平日與同儕多多練習技術的部分，同時在生活中應用，並觀賞大師級的錄影帶。一般說來，我們在做諮商理論的整合較難，但是諮商技術整合的部分就較為容易，只要練習多了，許多技術就會自然出現、運用自如。

另外，實習生容易在晤談時將自己的技術侷限在同理傾聽、摘要、重述等基本面向上，較不會使用挑戰、面質或是比喻、幽默等技巧，也因此會陷在原地打轉、進退維谷的情況。許多教科書上也建議新手諮商師不要輕易使用挑戰等技術，要等到治療關係穩定之後才使

用，其實還是要看諮商進展的情況而定。

五、進入醫療體制的實習

　　目前有更多實習生進入醫療體系或是在身心科醫師診所實習。在醫療體系裡實習，會接觸到不同種類的個案，然而不可避免的是醫療體制的階層及權力關係的問題，這些其實是在諮商師訓練課程裡較少提及的一塊，因為諮商是較屬於平權的關係，即便有專業上的威權與機構內的位階，但是較少有權力壓迫或是專業壓迫的情況。在醫療院所中，醫師的位階高於護理人員與臨床心理師，而臨床心理師自有制度以來都是在醫療機構工作，對醫療領域的運作較為熟悉，也已經取得其他醫療人員的認可。諮商師被歸為「醫事人員」之一，在社會大眾與醫療人士面前還是生嫩、尚在建立專業聲望的階段，因此位階最低。近年來不少實習生希望能夠進入醫療院所服務，順便了解機構之運作，或許有助於未來生涯的發展。

　　不少實習生在醫院受到精神科或臨床心理師督導的同時，也需要另一位諮商師擔任督導，兩位督導各占一半的實習評分權。臨床心理師所受過的訓練（如診斷與評估）與諮商師不同，因此對於諮商實習項目不熟，有的甚至不做評估，但是實習生在實務現場又無諮商師觀察與檢視其實習情況（只能在督導時間與諮商師督導做自陳報告或是以其他媒材如錄音錄影呈現），許多時候無法獲得及時的督導與協助，倘若臨床心理師對於諮商業務不熟悉或存有主觀偏見，對於實習

生的實習結果並不樂觀，這也需要持續的溝通與磨合。當然諮商師訓練課程有晤談技巧與團體諮商，較了解團體動力與運作細節，這一點倒是許多臨床心理師所不及的，或許是可以互相切磋與學習之起點。另外，臨床心理師對醫療資源的熟悉度與連結，還有評估、診斷與測驗的專長，往往可以填補諮商師之不足。

實習生若選擇醫療院所實習，就要清楚自己在實習單位想要加強與補足的能力，並了解機構的處理流程，協助自己更能適應。之前提過實習生需要提前進入機構，並積極融入服務機構與文化，此外了解諮商非獨立作業之事，需要尋求與連結資源、與不同專業的合作；另外值得一提的是，實習生或諮商師也很容易落入本位主義的窠臼或思考，認為自己的專業是最厲害的，這個本位主義的破壞力更甚於其助力，我們也要特別注意。

5-3 臨床筆記與紀錄撰寫

臨床筆記是很重要的紀錄與資料，可以協助諮商師真實記錄實務現場所發生的一切，以及自己的觀察與思考，對於專業成長有極大幫助，同時也是督導或萬一遭到訴訟時的佐證證據之一。臨床紀錄通常分為兩種，一種是正式的個案臨床紀錄，另一種是諮商師自己保留的紀錄。正式個案紀錄記載的是在諮商現場所發生的一切，而諮商師自己保留的紀錄則會加上自己的猜想、假設、觀察與處置策略，以及自

己的反思部分。諮商師保留兩項紀錄，一份是正式的，可以放在機構內、當事人的檔案裡，一份自己留存，但是也應該放在機構內（當保存年限到了或是諮商師離職就可銷毀）。

通常最好是當天就將紀錄撰寫完畢，因為記憶最新、細節不容易忘，然而有時候因為接案或工作忙，往往會延宕紀錄撰寫時間，最好給自己一個期限（如三天內），將紀錄寫好交給督導過目。現在許多紀錄也都電子化了，也就是可以直接在電腦上寫紀錄，要在安全、無他人會接近紀錄的場所撰寫，較容易專心、效率較佳，也要注意紀錄的安全保管。如果是紙本紀錄的話，個案紀錄應該在晤談之後撰寫，還是在晤談過程中？有時候看諮商師的習慣，即使是在諮商現場記錄，也都能取得當事人的同意，只要說明理由就可以。筆者自己的經驗是：年輕時在晤談後記錄都不是難事，但是後來就需要在過程中記下要點。晤談後再撰寫紀錄也有其好處，可以協助諮商師回顧一下晤談過程、整理自己的思緒；若是在晤談中做紀錄，比較及時、細節不易漏失，同時也可以隨手記下該問或下回可補充的問題。

個案紀錄可以用DAP（data assessment plan，資料—評估—計畫）的方式來撰寫（喬虹，2018, p. 52）。諮商師自己也可以依照相關諮商中心或機構的規定練習撰寫。此外，個案或臨床紀錄是屬於當事人的，若無當事人之同意，基本上不能向外洩漏內容，但是在許多情況下，諮商師所服務的是未成年或無法定能力者（如身心障礙、犯罪者），需要取得法定監護人同意後才可透露內容。以國小階段的當

事人來說，臨床紀錄還是以當事人的決定爲主，即便對方只有小一或小二，對於諮商師或輔導老師的紀錄有疑義、想要知道，也都可以讓當事人觀看；轉介人（如監護人或教師）要知道諮商師與當事人的晤談內容，諮商師都要先讓當事人知道其權益、諮商師的做法（如書寫或口頭報告），以及可以透露的內容爲何，因爲這都是有關當事人的福祉。舉例來說，級任老師轉介一位經常曠課的學生前來晤談，希望諮商師可以協助其改善學習態度。在治療關係建立之後，學生坦承自己很不喜歡班級導師，因爲班導很重視學生成績，又偏袒一些成績較好的同學，而對當事人常有指責或是歧視的作爲。諮商師可以與當事人商議哪些談話內容可以讓導師知道，或者是導師可能會要求要看學生晤談紀錄，諮商師就可以另外提供晤談摘要給導師覽閱，但是內容中不需要寫明眞正內容（教師偏愛學生），而是以「討論如何在學校更快樂學習」或「改善在校之人際關係」等較概括的字眼描述，因爲諮商師需要連結當事人所有可用之資源（包含社區、學校與家庭），不能將學生的資源截斷或破壞（如告知教師學生被歧視的感受，可能會讓班導更不能善待學生）。當事人有時會好奇或詢問諮商師在寫些什麼？不妨大方展示給當事人看或讀出來給當事人聽，並隨時回應當事人所提出的問題，當事人若有釐清之處，也加以修正或註記。

　　若機構沒有特別要求個案撰寫的格式與內容，我會將晤談重點記錄下來，另外提出一些可能在下次晤談時要談的重點或釐清的疑問，加上下次處置方式的想法。

諮商紀錄（整理自Corey et al., 2011/2014, pp. 156-160）
・以描述性、非評價的方式撰寫。
・目的為提供高品質服務、維持服務的一貫性，也是提供合宜照顧的證明。
・提供治療師回顧處遇內容之歷史。
・在面臨訴訟時提供諮商師自我保護。
・防止不當執業。
・進行轉介時，有助於持續照護。
・沒有紀錄，治療就沒有發生。

諮商紀錄類別（Corey et al., 2011/2014, pp. 159-160）

進展紀錄（progress note）	過程紀錄（process note）
記載對當事人處遇觀點的方式	心理治療紀錄
存放在當事人的臨床紀錄中	記載當事人之反應，以及治療師對當事人之主觀印象
行為性紀錄	限於諮商師個人使用、不輕易與人分享
內容包含診斷資訊、當事人功能狀態、症狀、處遇計畫、結果、替代性計畫及當事人進步情況	內容像是當事人之移情、親密關係細節、幻想或夢境等，以及治療師的想法、感受、反應等

5-4 個案報告

在進入實習現場前，實習生應該要知道個案報告怎麼撰寫。個案報告主要的目的是諮商師將所處理的案件，藉由簡單的格式撰寫，以為陳報、個案討論或者是留存紀錄之用。個案報告的內涵主要包括：

當事人的背景資料（含家族圖）、主訴問題（要依照處理的先後次序排列），接著，就個案接案的進度以及處理方式做摘要簡述，最後加上未來處置方向、目前遭遇問題，或者是對該個案有哪些情況需要注意的地方加以著墨（如當事人可能需要進一步診斷或安置，當事人語言表達能力較爲欠缺、需要以不同媒材協助等）。個案報告也是下一位諮商師可以瀏覽的摘要，在處理過程中可讓接手的諮商師持續有效地協助當事人，而不需重述當事人歷史或浪費資源。若個案報告是用來做同儕督導或研討之用，要記得收回銷毀，以防個資流失。

　　個案報告的內容可包括：案主代號、諮商服務方式（如個別諮商）、諮商師、諮商時數、案主基本資料及來談動機、家庭背景、工作／求學狀態及功能（包含生涯發展及規劃相關資訊）、人際狀態及功能、諮商歷程和諮商關係的分析、諮商架構的分析（個案概念化）、諮商策略與技術規劃、請教諮商實習課授課教師與同學的問題、參考書目、諮商歷程逐字稿等（喬虹，2018, p. 61-63）。

　　個案報告裡面可能也涉及測驗紀錄的撰寫。葛樹人（1996，引自林家興，2006, p. 105）認爲測驗紀錄應包括測驗日期（施測、解釋）、轉介原因（性質、轉介問題、問題存在時間）、條列測驗工具、測驗行爲的觀察、結果與解釋、建議等項目。

個案報告內容（林家興，2017, p. 162）

個案報告

報告人：

報告日期：

一、個案基本資料

　　（一）個案資料（年齡、性別）

　　（二）學校或工作資料

二、個案來源與轉介原因（自行約談或是轉介）

三、主訴問題

　　（一）主訴或問題描述

　　（二）求助動機

　　（三）自我覺察程度

四、問題評估與了解

　　（一）個人生活狀態（問題如何干擾生活功能）

　　（二）個人優弱點、個人特質

　　（三）生長史與特殊事件

　　（四）家庭關係

　　（五）醫療史（如是否轉介精神科醫師、藥物治療、心理測驗等）

　　（六）其他重要訊息

五、個案概念化

　　（一）問題之來龍去脈分析（包括目前的問題、促發因素、問題形成的背景、案主的因應等）

　　（二）問題處理之正向與負向因素分析（包括案主的內在資源與外在支持系統）

　　（三）案主問題的評估與診斷

六、諮商目標與計畫

七、諮商過程與重要議題

八、此次個案研討的議題

個案報告撰寫示例

當事人姓名：李○○　大四學生

當事人家庭圖：

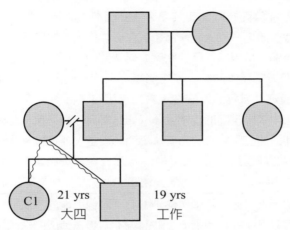

C1　21 yrs　19 yrs
　　大四　　工作

主訴問題：情緒問題、人際關係、家庭議題

晤談次數：自108年9月30日起每週一次，共四次。

晤談進度與處置方式：

第一次晤談：了解當事人主訴問題，並觀察其在諮商室內之表現。當事人面無表情，偶而出現社交性的應付笑容，身體很少移動、幾乎是沉坐在沙發裡。當事人提及較多自身遭受家暴的情況（肢體上伴隨言語上的），其因應方式為被動沉默接受。當事人敘述在校學習情況良好，但因嚴重睡眠問題會喝酒調節，但醒後感覺不佳。當事人曾因被診斷為憂鬱症，目前服藥中，詢及當事人是否知道酒精與藥物併用的危險性，當事人說醫師有提醒，但諮商師還是再度提醒與警告。

第二次晤談：當事人提及自己父母親的婚姻關係（在其國小時離異），母親對當事人與弟弟課業要求多，若不符期望就以衣架或隨手可拿到之物品攻擊，弟弟逃家，當事人認為母親可憐、不能背叛，因為母親被父親背叛已經是重大傷害。本次晤談主要是針對當事人對自己家庭父母親的互動、親子關係等做了解，並詢及當事人對這些事件的感受，企圖了解與喚起當事人的自然情緒，並探索其對於情緒反應的阻礙或可能因素。家庭作業請當事人觀察周遭同儕聊天的情況，並記錄下觀察的情緒表現與可能背後因素，當事人說這樣會造成窺探他人隱私、別人也

不舒服，於是就請當事人在其他場合（如用餐地點或運動場上）做觀察，當事人同意。

第三次晤談：當事人完成所協調的作業，對於他人情緒的猜測較簡單、背後因素也單純，而且往負面方向猜想居多，或許因為這樣不太敢在他人面前表現出情緒，也是自我防衛之一種機制。當事人在敘述家人互動時有一些輕微的情緒表現，雖然並不明顯。檢視其用藥（助眠）之情況，討論自我照顧的方式，當事人說上一週只有四天會藉酒助眠，不會將藥物與酒一起服用。諮商師檢視其自殺危險性與生活情況（無立即危險性，會持續追蹤，取得當事人同意與其醫師聯絡），並從生活中找出正向的支持因子（如想畢業、與弟弟一起照顧母親）。當事人提及想要知道自己畢業後的方向，諮商師同意，並在當事人知後同意下調出之前當事人做過的興趣與生涯測驗備用。家庭作業是商請當事人記下幾件生活事件，並以「發生事件」、「當下想法與情緒」及「其他可能的想法」來記錄。

第四次晤談：當事人只記了兩個事件，對於「其他可能的想法」部分較少著墨，諮商師協助其思考可能的其他選項，並討論不同想法造成的情緒也不同，請當事人持續記錄。與當事人做情緒牌卡活動，當事人對於不同情緒會連結到一些事件，也有自然情緒表現。由於接下來期中考，當事人想休息一週，隔週再晤談，花五分鐘與當事人回顧這四次晤談內容，當事人也回應想繼續探討自己的議題。

主訴問題：家暴受虐、慣用酒精助眠、憂鬱症治療中、自我價值與動機、情緒表現與表達、家人關係

已做處置：危機檢視與處理、喚起自然情緒表現、自我照顧、檢視可能不合理信念、賦能

可能遭遇問題：戒除飲酒習慣、憂鬱症藥物之持續服用與看診、母親家暴可能仍存在

未來做法與目標：家暴後遺症與修復、自我生涯目標與趨近行動、人際信任與關係

心靈小站

關於當事人的專業紀錄應以描述性、不具評價的方式撰寫（Corey et al., 2011/2014, p. 156）。

5-5 診斷與衡鑑

　　實習生在直接服務的項目中準備最不足的就是團體工作與診斷衡鑑。許多實習生認為自己既然已經修過變態心理學、心理測驗或心理衡鑑課程，就足以擔任心理測驗與評量的工作，這是錯誤的。雖然學校也有一些團體教育性質的興趣、性向或人格測驗，有些經過短期培訓與說明，就可以進行施測，但是需要謹守測驗手冊之規定（包括指導語），以符合標準化、統一的施測程序；但是有些需要專業背景的測驗（如心理疾病或學習診斷），不在實習生的受訓範圍內，實習生當然沒有資格施測（若貿然施測，就違反專業倫理的「能力」部分），除非自己另外接受訓練、取得證書。

　　實習生觀察當事人，懷疑當事人可能需要進一步的評估與診斷時，就需要轉介給臨床心理師或身心科醫師做衡鑑或確診。在此之前，實習生可以就一些可能的重要問題做初步診斷，像是若擔心學生可能有情緒上的問題，除了臨床的觀察、諮詢班導或其他任課教師、當事人家人或同儕之外，還可以問一些問題，如：「最近睡眠狀況如何？」「三餐吃多或吃少？」「按時去上課嗎？」「還會去參加喜歡的活動嗎？」「最近有什麼重大事情發生嗎？」這些資訊都有助於作為諮商師是否需要進一步診斷或轉介的依據，不一定要借助測驗才可得知。

　　大部分的測驗需要有專業訓練才可以執行，我國對於諮商師有相

關資格的規定，但在實際運作上卻無法約束準諮商師（實習生）完全遵照這樣的規定，而實習項目中又有施測的要求，導致有些實習生為了滿足測驗的要求，硬著頭皮去做，還有些實習生就是將手冊讀一讀便上「戰場」、為服務對象施測，其實是很危險的。這也提醒督導，一定要將把關工作做好。

有些實習生在醫療單位（包括獨立執業的身心科醫師）實習，當然也可能會接受相關的診斷或衡鑑訓練，這自然也讓實習生多了一份能力。倘若實習生真的認為衡鑑或診斷知能很重要，可以去接受適當的講習與訓練，取得施行某些特定測驗的資格。

5-6 實施測驗

測驗的項目通常在醫療院所之外較難滿足，有些諮商師訓練學校會讓實習生同儕協助彼此機構之施測，有些學校會讓實習生以施測方式招徠潛在當事人，通常是以生涯或興趣量表來吸引學生或社區居民，但是這樣的方式是有倫理爭議的，因為基本上施測是需要有正當理由與其必要性，更遑論施測者的資格與能力。

實習生很輕易就以進行測驗方式協助當事人，然而在評估測驗的必要性與選擇測驗之前，通常會有一段心理衛生教育時間（如憂鬱症的認識與宣導），或者是了解學生主訴問題（如生涯困惑、不喜歡目前科系）之後才進行，而不是當事人想要做什麼測驗或家長要求，甚

至是出自於實習生自己的決定。

　　施測量表的信效度與量表是否持續發展與修正、可供對照常模的有效性都是需要注意的。有些國小常常使用過期之測驗（如瑞文氏測驗），其信效度與常模都有極大問題，若還是照常施測，徒然浪費時間與人力。實習生在進行施測時，不管是個別或團體施測，也都需要遵照手冊的規定（如指導語、練習題、對於受測人問題之回應）進行，同時在施測過程中要注意觀察（包括受測者答題之情況、對題目了解是否有疑慮），也要約定時間做測驗解釋與可能疑問之回應，並且不要以單一測驗作為重大決定（如安置或診斷）之唯一參考值。不管有機會施測與否，實習生對於機構的一些常用測驗要努力去熟悉、了解，詳閱施測手冊，有機會就去查找相關測驗之研究，了解其最近的常模建立、使用對象與結果，若必要還可以將現有測驗做整理或建議，甚至推薦更適當的測驗及用途。

5-7　團體工作

　　儘管實習生在校接受過團體諮商的訓練，然而帶領團體的敏感度與成效，通常都是累積許多經驗而來，因此往往在帶領諮商或治療團體，或是進行班級輔導時較無信心。因為面對人數眾多、無法同時專注與掌控，實習生經常在團體中「進行個諮」（也就是把團體其他成員放在一邊），這樣會讓許多成員覺得自己被忽略，或是認為不是自

己期待的團體而萌生退意，造成成員流失、甚至流會。研究所的團體諮商，較少提到班級輔導或心衛宣導的部分，加上許多諮商所學生沒有受過班級經營的訓練，因此常常在進行班級輔導或心衛宣導時，無法吸引學生的注意力或興趣，把班級輔導／心衛宣導帶得很「乾」、很無聊，也無法達成班級輔導／心衛宣導的目標。

實習生進行團體工作之前，當然會有計畫，計畫都需要經過有經驗的在校或駐地督導過目、提醒應注意事項，以及做適當的修正。許多督導會放手讓實習生發揮，但是若督導要求以某個學派的理念（如Holland的生涯諮商或現實治療）進行團體，通常實習生就不知道要如何將理論的觀點納入團體、針對目標做適當的設計。這一點也說明了實習生在理論基礎上的不紮實。

實習生在團體進行中，往往會無法及時做反應，尤其是遭遇團體成員有情緒發洩、衝突或沉默時，這些都需要更多實務的經驗值與閱讀。團體領導者的訓練，最完整的就是從觀察員開始，熟悉不同團體（如結構或無結構式）的運作，也觀察不同領導者的領導型態與技術，接著可以參與團體，體驗身為成員的感受與內在動力、彼此的學習，然後與同儕協同領導團體，最後則是獨立領導團體。然而現在的諮商師培育機構往往只提供學生一學期三學分的諮商團體課程，教師在課堂上示範領導的技巧，然後就要讓學生擔任團體協同領導，甚或獨立領導，學生的準備度十分不足。雖然教師們也會鼓勵學生積極參與及體驗團體，但都只是限於「建議」而已，有些學校的學生諮商中

心會固定讓實習生擔任團體領導（目的是招募一般學生），但參與者往往是輔導或諮商系所的學生，少了許多異質性，這樣當然會影響了團體動力與真實情況。

　　實習生在帶領團體的時候還有另外一個問題，也就是經常要把團體計畫「跑完」，這樣的假設就是將團體定義為「自己的」團體。事實上團體是「成員所有人的」，因此團體領導者的功能是在於催化與連結，甚至做適當的釐清，而非「掌控」團體，即便參與者年幼或有身心障礙，領導者還是要努力於團體的凝聚力與歸屬感，讓成員可以儘量彼此互動學習，而非由領導者主導一切。

　　新手諮商師在團體工作中的發現有（許育光，2012）：（一）在團體實務領導過程中覺察到個人相關議題與面對（如行為、情緒、人際模式、價值觀與家庭經驗）；（二）與協同領導者之間所觸發的個人議題與磨合（如覺察差異與發展默契）；（三）對團體專業之省思（對實務歷程學習之肯定、重新認識與強化團體動力及歷程、對團體領導角色的省思）；（四）對自我專業層面的省思（如自信的增長、對助人專業態度之改變、探索自己的理論取向等）。也就是擔任團體領導可以讓實習生看見自己的議題、與人互動與合作的模式、更了解團體動力與功能，同時從經驗中知道該如何磨銳自己的團體知能。

　　實習生在領導團體時，倘若有協同領導者，常常會誤以為一個是「主要」領導者，而協同領導者只是一個「配件」或「配合」的角色，這是一個很大的誤解。事實上兩位領導者都是「協同領導者」

（co-leaders）（所謂的co就是「一起」），都擔負著同樣比重的責任，也就是需要注重彼此之間的協調跟補足的功能，甚至在每一次團體進行之前與完畢後，都要商討下一次團體內容、是否需要修正，以及此次團體的良窳、彼此配合的情況與調整。因此，除了一起設計團體的內容外，在整個團體進行的過程當中，也要能夠彼此配合、注意彈性調節、一起解決問題。通常協同領導者的座位，就是成員圍坐一圈中差不多面對面的位置，可以協助彼此看到坐在對方身邊的成員，也在整個流程中互相協助與支持。

有效團體領導者的訓練（Berg, Landreth, & Fall, 2006, pp. 72-80）

方式	說明
觀察學習	讓受訓者觀察大師級（錄影帶）或資深領導者如何實際運作團體，然後與督導討論
現場實習	受訓者在課堂上練習帶領團體，可以有第一手經驗，也得到最直接的回饋
模擬練習	讓受訓者組成一團體輪流擔任成員、領導者與觀察員
團體演員	可以請演員們擔任團體成員，讓受訓者帶領此團體

5-8 協同領導

　　許多人誤解了「協同領導」，甚至有人譯做「副領導」，以為是「領導者」的「副手」。其實協同領導的責任與領導者相當、各占五

成，彼此是相輔相成的，也不是「輪流領導」（lead by turns）。因為是相輔相成，所以彼此之間的溝通與磨合非常重要，也是團體成功最關鍵的因素！Riva、Wachtel與 Lasky（2004）發現協同領導者不一定優於單獨的領導者，因為太少研究文獻佐證，而許多作者也都是憑藉著個人經驗而做結論，缺乏紮實的科學證據；再則，許多協同領導者是沒有機會一起討論團體過程的，除非兩位領導者在團體工作上的觀點差不多，也有意願討論協同治療的關係，否則其效果仍待評估。

　　由於協同領導可以是領導者訓練的一環，藉由與資深領導者的合作，從團體計畫開始，到每一次團體進行前、過程中與完成後，都需要緊密演練、討論與合作，即便兩位領導者在性格上或作風上相差甚多，但是仍然可以成為很成功的合作夥伴。

　　基本上，協同領導者與領導者的責任各半，「協同」不應該是「副手」的意思，但是許多團體領導都誤解其意，特別是新手的領導者，幾乎都以領導者馬首是瞻，而許多協同領導者對團體計畫或是過程也不投入，彷彿只是團體中的一位成員，這都是需要修正的迷思。兩位領導者的合作與默契是最重要的，而協同領導者在親密關係或是家暴相關團體中，都可以發揮正向的示範力量，讓成員可以學習到真正健康的關係互動模式。

　　協同領導最忌諱彼此競爭，甚至是搶鋒頭，有些還會將彼此的宿怨展現在檯面上，這些都是極差的示範，也注定了團體的失敗！切

記：團體不是領導者的團體，而是全體成員的團體。

協同領導者彼此之間要有充分的溝通與默契，因此相聚討論的時間要足夠，而在之前慎選協同領導者、願意共同討論也是相當關鍵的。協同領導者若是有衝突，會讓另一位領導者與成員都有焦慮，然而若能做適當處理，也是成員最好的示範與學習。這裡並不是說協同領導者需要很相似或一樣，因為每個人都是特殊、不同的個體，都需要尊重，即使彼此有許多差異，但是藉由一起工作（帶領團體），可以接納不同、看見彼此的長處，齊心齊力帶領好團體，讓成員獲得最多的學習與成長。

在團體進行中，領導者與協同領導者可坐在相對的位置上，因為我們基本上比較會忽略身邊左右兩旁的成員，倘若協同領導者坐在對面，就可以協助另一位領導者注意其兩旁的成員，甚至注意到另一位領導者所忽略的訊息或成員，而做即時的補充或修正。

可以運用協同領導的時機有：新手領導者與資深領導者搭配，協助訓練新手領導者；兩位新手領導者彼此搭配，學習帶領團體；團體成員人數過多時，加入協同領導者，可以分攤責任與對成員的注意。實習生極可能在同一機構有協同領導諮商團體以及其他合作機會，記得要積極了解對方、清楚表達，開始建立自己的專業聲望及與專業同儕的支持團體。

協同領導的優勢與劣勢
（Corey et al., 2014, pp. 43-47; Berg, et al., 2006, pp. 120-125）

優勢	劣勢
1. 團體成員可以從不同領導者那裡聽到不同的觀點	1. 若兩位領導者彼此很少見面討論，可能默契與溝通不足，在帶領團體時會產生諸多問題
2. 兩位領導者在團體進行前後都要做協商、彼此互相學習	2. 領導者之間的競爭（包括成員的喜惡）或敵意會毀掉團體
3. 督導可以在協同領導者的訓練過程中，與他們緊密合作、提供回饋	3. 領導者間若缺乏信任與尊重，或是不認同對方的能力，可能就會堅持己見，不以團體目標為考量
4. 領導者分攤責任，可以避免耗竭（burnout）	4. 若其中一位領導靠邊站、袒護某位成員，可能會與另一位領導者形成對抗關係
5. 當一名成員有激動情緒時，協同領導可以掃描與注意其他成員的反應	5. 協同領導者若涉入與成員的親密關係，可能會利用團體時間處理他們自身的議題，而忽略了其他成員的權益
6. 協同領導者的「同儕督導」是相當有幫助的	6. 不速配的壞處（如個性或理論取向）
7. 當其中一名領導受到成員影響、產生移情時，另一位可以協助討論與解決這樣的移情反應	7. 金錢分配問題（收費的團體）
8. 協同領導是基於文化、種族、信仰／靈性或性別認同相關的權力與特權的差異，萬一一位領導者受到某位成員的影響，另一位可以協助團體過程的進行	
9. 可以持續治療（若另一位領導者缺席）	
10. 示範健康關係（尤其是伴侶治療時）	

如何選取協同領導者（Berg, et al., 2006, pp. 125-126）

1. 要先晤談，不要以便利為原則。
2. 選擇理論取向相類似者。
3. 可以有誠實與合作關係者。
4. 分享有關團體計畫的一切，團體進行前、中、後都持續溝通。
5. 每回團體進行前後，都願意承諾出時間一起共同討論。

5-9 心理衛生宣導

　　實習學生最容易忽略的是「心理衛生宣導」活動，特別是在大專院校實習的學生，平日課程中沒有這方面的訓練，但卻是第一級預防最重要的部分。少數在校督導會要求學生設計與執行心理衛生宣導活動，並讓學生從中實驗與做適當修正，通常會是不錯的學習。心理衛生宣導可以在大班級或三五人的小團體中進行，一來教育學生或社區居民重要的心理健康資訊（如辨識憂鬱症與自殺徵象），二來宣導諮商的功能，三來可以招徠潛在的當事人，其功能至少有這三項。不少學生在進行心衛宣導之後，就陸續有學生或潛在當事人願意前來做進一步了解，甚至成為顧客。

　　心理衛生宣導工作不僅能夠訓練學生的膽量、與不同人做第一類接觸、增加曝光度，還可以讓自己更熟練溝通能力與方式（這也是諮商師很重要的能力），加上在宣導之前必須要深入了解自己所要宣導

的議題、設計宣導流程及活動，這些都是課程訓練所不及的。實習生在一般諮商訓練課程中較少有心理衛生宣導的訓練，有時候在團體諮商課程上，授課教師會要求方案設計或執行，學生就要認真學習。基本上諮輔相關大學部同學在班級輔導或心理衛生宣導上較有訓練。

　　心理衛生宣導的模式包括直接與服務對象的講解說明，或者是印製手冊、宣傳產品，也許以小型集會方式進行。例如一位實習生與幾位學生一起進行自殺防治的教育，實習生可以發放憂鬱量表或自殺危險量表，讓有興趣的學生做自我評估，然後根據量表結果提問、回應或適當的提醒。一般在大專院校或學校機構，通常是以全校性宣導或班級輔導的方式進行心理衛生的宣導，這些都是第一級的預防工作。實習生藉由與潛在當事人（或服務對象）的面對面接觸，不僅可以讓服務對象更清楚一些心理衛生的資訊、釐清可能的迷思，還可以吸引潛在當事人，甚至進一步到學生諮商中心（或輔導室）求助。

　　許多實習生認為心理衛生的宣導工作，不是直接接觸服務對象，也可能認為這樣的工作很繁瑣，或是不能夠直接運用到所學的諮商技巧，因此容易忽略。其實，心理衛生的宣導，的確是新手諮商師在進入一個實習機構最可能嘗試與發揮其影響力的地方，也可以藉此廣告自己、讓更多的服務對象認識你能提供的服務項目，甚至進一步讓潛在的當事人有管道來到諮商中心或輔導室求助，因為至少跟你／妳有過初次見面的機會。有些學校會利用心輔週或者生涯博覽會的機會，讓較多學生接觸到生涯探索或相關測驗的部分，實習生當然可以就測

驗的解說展現一下自己的功力，也可以進一步邀約當事人到諮商中心繼續談話或探索。

　　一般的實習項目中有所謂的「直接服務」，心理衛生宣導也是直接服務的項目之一（不管是面對五人或一個班級）。就如同實習生在機構服務，面對一位當事人是「個別諮商」，而四人以上的系統性、設計過的團體工作是「團體諮商」，當事人彼此有血緣或類家人關係的「家族諮商」，當然也可以有兩三人一起為某個議題或對象而進行的「小群諮商」。

心理衛生宣導示例：心事知多少

活動項目	說明
心情溫度計	請參與者繪出自己一天與一週之心情起伏的曲線圖
憂鬱量表測試	簡單貝克量表測試
說明測驗結果與建議	解釋結果與可能需要的行動

實習生遭遇的問題（邱珍琬，2016a）

問題	細項
專業能力部分	・個案概念化能力不足 ・努力將實務與理論做結合 ・諮商師角色與位置的拿捏 ・無法聚焦或不清楚諮商目標 ・較缺乏危機敏銳度 ・遭遇倫理議題需判斷 ・諮商要配合當事人

實習生遭遇的問題（邱珍琬，2016a）（續）

問題	細項
面對不同當事人的挑戰	・面對沉默或被動的當事人 ・不敢直視當事人 ・團體成員異質性高 ・擔心自己的能力／表現 ・需要他人認可自己的專業
需要他人認可自己的專業	・家庭議題 ・較缺乏自信 ・自我照顧的重要 ・用然後知不足 ・分離議題
其他	・擬定計畫後需做彈性調整 ・價值觀的扞格 ・踏出舒適圈的挑戰 ・行政單位不清楚諮商工作 ・要滿足實習時數

5-10 多元文化議題

　　實習生容易將文化議題放在一邊，將當事人視爲單一族群，除非當事人呈現較爲明顯的特徵（如外型、膚色、語言），才會注意到文化的議題，然而只是看見文化或有文化敏銳度尚不足，還要注意到環境與社會因素對當事人的影響。在面對較年幼的當事人時，除了注意其發展階段與任務，也可能會忽略其在社會位階中的地位與立場，以

及家庭或整個大社會對待他／她的方式。朱羿靜（2019）提到不同語言的熟悉度與應用，對於在社區或是醫療院所的實習生而言，也有加乘之效。使用當事人熟悉與常用的語言，可以增加親切感，也有益於治療關係的建立，偶而使用一些方言（如「很爽」、「酷」、「LKK」）或英語（如OK, shoot），也有「畫龍點睛」之妙！諮商師也不應以單一語言為溝通工具，甚至對於不同發展的階段或族群，善於運用語言之外的媒材也很重要。

諮商理論基本上是源於白人、中產階級、男性的理論發展者，我國諮商師在運用時需要讓其理論與技術符合在地文化與社會，而不是單純移入而已。此外，是還要考量到諮商發源地的美國與諮商師執業所在的臺灣，可能牽涉到不同文化與價值觀之間的衝突（例如個人文化vs集體文化、獨立vs互相依賴、親子倫理vs夫妻倫理），而在國內又有不同族群與文化傳承，因此在諮商倡議多元的現代，諮商師更應該有多元文化的知能與敏感度。

美國本土的治療師也提醒專業同儕，在多元諮商的一些挑戰，包括社會階級（因為諮商基本上是中產階級的思考）、性別（諮商是白人男性的觀點）、內在動力的觀點（像是佛洛伊德理論著重潛意識，另外也要留意外在環境力量的影響力）、性取向（基本上是異性戀取向）、刻板印象（對某一族群或團體不證自明的固定看法與偏見）、溝通問題（不同溝通型態與意義）、偏見、種族主義、測驗偏誤與錯誤假設等（Nystul, 2006, pp. 151-160）。例如我國在2019年

通過同婚專法，但是法條的適用性由於還在起步階段，有諸多無法執行者（如男女同志要生養下一代受到許多約束與規範）（胡郁盈，2019），尚待日後社會大眾的共同努力，才能夠將法律修正為適用且合乎實際景況的「良法」。文化的不同只是不同而已，沒有所謂的高低優劣，也因為「不同」，所以可以交會出不同的刺激與創意，增加許多豐富性與色彩。

有些實習生年紀尚輕，若是碰到學生家長或是較為年長者，會因為自己的年齡或經驗值（如尚未結婚或為人父母）在擔任諮商或諮詢工作時較無自信，其實大可不必擔心，可以用自己曾經聽過或做過的案子或心得與當事人分享。即便經驗老到的諮商師，還是會遭遇到自己未曾碰過或經歷過的情況或個案，還是要硬著頭皮去做晤談。倘若事先知道當事人要談的議題，不妨先做一些閱讀與請教其他諮商師或督導，讓自己至少對於當事人聚焦的重點有一些認識或準備。儘管新移民或移工較少使用到諮商資源，但是在多元文化的大傘下，還是需要讓更多人享受到諮商與專業服務，這也是諮商師需要持續努力的功課。

在諮商中容易犯的「錯誤假設」（Paul Pedersen, 1987, as cited in Nystul, 2006, pp. 155-157）

1. 對於「正常」的定義（在美國互相擁抱是禮貌，其他國度則不同）。
2. 強調個別化（忽略不同文化對於群性的考量）。
3. 諮商師沒有接觸相關領域（如人類學、社會學、神學、醫學等）的資訊而產生的零碎、孤立知識（例如對某個宗教不熟悉，可能與當事人價值觀有所扞格）。
4. 過分強調獨立（這是西方的文化，與東方密集而緊密的人際關係不同）。
5. 使用抽象或與脈絡無關的觀念（像是掉書袋、使用專業術語）。
6. 忽略當事人的支持系統與歷史（只針對當事人做改變，忽略其他影響力量）。
7. 聚焦在改變個人而非系統（同前，有時候需要改變的是周遭環境或制度）。
8. 依賴線性思考（因果性思考，缺乏其他擴散性的思維）。
9. 「文化封閉」的思考（諮商師無法有自己信念系統之外的思考，也無法了解當事人的文化脈絡，容易強加價值觀在當事人身上）。

「文化能力」的內涵
（Tseng & Streltzer, 2004, cited in Vasquez, 2010, pp. 128-129）

內涵	說明
「文化敏銳度」（cultural sensitivity）	覺察與欣賞不同文化
「文化知識」（cultural knowledge）	關於不同文化的基本人類學事實
「文化同理」（cultural empathy）	能夠在情感上與當事人的文化觀點做連結

多元文化諮商的指導原則（Nystul, 2006, pp. 169-171）

1. 相互尊重。
2. 不要強加自己的信念系統在當事人身上。
3. 對待當事人是一個獨特個體，以及來自特殊文化的人。
4. 決定傳統諮商取向是否適合當事人？
5. 提供可利用且可靠的服務。
6. 使用彈性的處置或取向。
7. 做一個「做事的人」（doer）而不是「會說的人」（talker）。
8. 進行環境的評估（避免強調內在動力）。
9. 讓自己也因為當事人的文化而更豐富。
10. 不需要是少數族群才可以為少數族群服務。

5-11 與當事人關係如何拿捏

　　實習生在上課時常常會被提醒「界限」的重要性，而諮商師本身要負責界限的拿捏。一方面，新手諮商師在與當事人晤談時，會很擔心關係建立的問題（像是擔心當事人不喜歡自己、當事人會不會再來），因此很容易討好或過度同理當事人處境，有時候反而無法做真正的同理與適當挑戰，造成治療在原地踱步、無法深入；另一方面，新手諮商師也會擔心當事人太過依賴，因此嚴守分際，在與當事人的治療關係上就容易出現僵化、疏離的情況，有時反而不近情理、較無適當同理。界限與關係的拿捏需要彈性合理，最重要的是不要違反當事人福祉，有時稍跨一下界限（如參加當事人的重要典

禮），是有助於當事人的。實習生會擔心與當事人之間的界限拿捏，何時可跨界但不違反界限？到底應該如何才不至於違反專業倫理，同時有效協助當事人？像是當事人要向實習生要手機號碼，實習生知道不行，但是如果加入臉書或LINE呢？或是留電子郵件地址？實習生就會無法拿捏，擔心若拒絕，是不是得罪了當事人或有害治療關係？不妨請教機構內人員如何處理。有些機構可能有當事人可以共用的臉書或LINE、官方電郵地址，或是機構的緊急聯絡電話（如學校的校安中心），這些都可以提供，若當事人堅持要實習生的私人臉書或LINE，就需要練習如何拒絕，卻又較不會干擾治療關係。當然有關三C產品的使用與注意事項，仍待諮商學會等相關單位做更多研究與釐清。

　　即便實習生對於專業倫理耳熟能詳，但畢竟碰到倫理情境（特別是與當事人間的關係）還是需要靠自己對專業指導原則的了解與判斷，有時候也要有法律知識背景，因此要培養自己專業的直覺與判斷力，只要覺得情況有異或不對勁，就要仔細思考或請教他人。另外也鼓勵實習生多閱讀倫理的相關研究或與教師同儕討論，甚至與法律人有固定的討教機會。實習生同時有多種身分（學生、實習者、受督者），對於自己何時可跨界或可能違反專業界限，也要多所思考。

諮商中可能有的界限問題
・害怕當事人太依賴諮商師。
・諮商師希望當事人以諮商師的意見為意見。
・諮商師違反倫理的界限（如與當事人有性關
　係、不適當的社交關係、買賣行為等）。
・諮商師太常「跨界」。
・諮商責任沒有適當轉移（從諮商師身上到
　當事人身上）。

5-12　當事人是我們的老師

　　雖然實習生需要被指導與評估，但是我們最重要的老師就是當事人。為當事人量身打造適合的諮商晤談與處置方式，是諮商師的當然責任。當事人願意與一位陌生的準專業人員晤談，透露自己私密資訊或不堪的經驗，求助於諮商師，同時相信諮商師可以協助自己面對、紓解或解決問題，就需要極大的勇氣。諮商師除了認同與嘉許當事人的勇氣之外，也要感謝當事人願意信任自己與專業，甚至讓自己當「試驗品」，協助諮商師的養成與專業知能！諮商師也在陪伴當事人的過程中，看見人性的弱點、堅毅與美麗，了解不同的生命故事。雖然諮商師只能過自己的人生，但是也因為知道更多不同的生命故事，讓我們更堅定自己的所作所為，並豐富自己的生命。

　　許多實習生在理念上是將自己設定為「協助者」──協助當事人的角色，卻往往忘記當事人是主角。當事人為何會走到尋求專業協助

的地步？相信每位當事人就像我們一般人一樣，遭遇生命中的試煉與磨難，也嘗試解決這些議題，只是在資源用罄或自己百般努力過後，還是陷在泥淖裡，找不到更有效的方法或方向，因此將問題帶過來，希望可以做更有效的處理，或讓自己的困境減緩一些。在許多情況下，當事人會將我們當作一面鏡子，可以協助其做自我整理，或從不同的角度看問題，而諮商就如同人際關係一樣，是一條雙向的道路——當事人與諮商師共同影響與成長。懷抱著這樣的心態，相信諮商實習生會對自己所做的工作多一份謙虛、敬畏與謹慎，也感謝當事人願意將自己交付給我們。

對於治療過程更了解的方式（整理自Teyber & Teyber, 2016/2017, p. 5）
・真實案例或示範。
・觀看教師或諮商師進行模擬晤談（角色扮演）。
・觀看治療初期的晤談錄影帶。
・實際觀看諮商師與當事人晤談。
・模仿諮商師或示範者的晤談與反應。
・同儕間互相練習。

心靈小站
當事人不是脆弱無助的，而是暫時能力被卡住。諮商的立足點是平權與民主，諮商師願意放下自己的一些成見與姿態，看見當事人的「能」與資源，就可以協助當事人拿回自己的能力與希望，願意面對自己的生命議題。

5-13 行政工作也是實習項目之一

　　不少諮商實習生會將行政工作視為累贅或不需要的部分，這個觀念的確需要修正。行政工作雖然瑣碎，但是也是機構與中心重要運作的一環，像是諮商紀錄或個案報告就是行政項目之一，實習生不可以規避。有些諮商所學生很天兵，認為自己喜愛自由自在，因此以行動諮商師為職志，但是即便是行動諮商師也會接機構或心理中心的案子，甚至需要做方案設計、執行與結案報告，這些都是行政事務。簡單說來，一般諮商實習機構的行政工作包含：（一）機構文化——如上班規定、請假、機構提供的服務項目與人員執掌、環境的維護、空間布置、如何接待個案及接案之標準作業程序、有無每週既定的行程等；（二）完成實習要求——實習週誌、實習時數表、督導會議、個案會議、會議記錄、受督前要準備的資料等；（三）完成接案相關要求——準時繳交每週紀錄、在帶領團體前與督導及協同領導者討論方案或執行細節；（四）輔助機構各項活動——準備、執行、善後與事後檢討等（朱羿靜，2019）。

　　雖然專業諮商師較少行政工作，但是不可諱言，行政也是實習的一部分。若自己開設心理診所，行政事務更難豁免。基本上實習生的專業督導至少會有兩位——專業與行政督導，有些學校還有團體督導（負責實習學生團體諮商的部分）。歷年來的經驗是，實習生不喜歡行政工作，但是有若干少數學生卻以行政工作為主，這兩者都有點極

端。嚴格說來，派案的個案管理師（case manager）做的就是行政工作，他／她必須嫻熟每位諮商師的專才或熟悉的服務對象，安排當事人給適當（及時段）的諮商師。行政工作繁瑣而細微，還涉及資源蒐集與有效連結，進退應對自然不可少，許多實習生往往只記得自己的專業與接案，卻忘了職場倫理與團隊合作，這個殺傷力更嚴重（喬虹，2018, p. 73）。

行政督導可能也是個案管理員，負責派案。喬虹（2018, p. 71）認為行政督導的重要性與專業督導相同，行政督導能夠協助督導實習生在實習機構內所有行政實習事務，像是待人接物、團隊合作與行政事務的協調、職場倫理與專業態度，以及各類行政實習業務的安排。然而並不是每位行政督導都可以協助實習生注意或者發展這些項目，許多實習生本身在待人接物上是欠缺訓練的，有時候與其個人之性格以及價值觀有關。我們也曾碰過很傲慢的實習生，認為招待進門的潛在當事人不是他的工作，甚至目前有更多的實習生即便坐在櫃台前，還是低頭滑手機或是在手提電腦上打自己的功課或是資料，完全無視於實習機構現場一些需要注意的事項，這些訓練還要煩勞行政督導，真是為難。

個案紀錄是學生熟悉的行政工作項目，許多機構基本上不會將學生接案時間排滿，因為中間的確需要有讓準諮商師喘息、記錄或準備下一個工作的時間，倘若將接案時間排得太緊湊，也容易造成實習生的壓力，導致快速之專業耗竭。因此安排適當的個案與工作，也是行

政督導會注意的項目。實習生若案量太大，需要評估自己的能力與心力，並與行政督導做誠實良好的溝通。最適當的接案安排是一天內不超過三至四個（包含帶領團體），兩個案子之間至少要有一小時空檔，讓準諮商師可以將之前的晤談做紀錄、沉澱一下思緒、為下一次晤談做準備（或補足此次晤談可能有的失誤），還要準備接下來的諮商工作（像是遊戲治療也需要收拾一下或為下個當事人做好準備工作）。個案紀錄最好在接案當天或當週寫完，年輕時或許記憶力尚佳，可以在晤談後找時間寫完，但是也可能有疏漏或細節記不清楚的時候，不妨徵得當事人同意後，在晤談時做些簡單筆記，也協助自己在後來寫紀錄時能有所提醒。

還有需要提醒的是：實習生若是依據當事人的情況，要聯繫相關資源（如精神科醫師、社工、牧師）或人事（教師、家長）的合作，當事人的安置或測驗等等，也都是準備工作之一環，需要花時間與心力去聯絡與協調。這些都是必要的行政工作。

5-14 衝突與解決

在諮商晤談現場若與當事人有意見不同是自然的，但是是否會升高為衝突？有時候可能是諮商師與當事人在溝通或個人特質上的議題。當事人對於諮商若有不同期待，此時諮商師可以先稍做釐清、了解當事人希望在晤談或諮商時段中得到什麼，許多的誤解或困惑就會

獲得釐清，讓治療進展更順利。然而一路平順的治療並不表示「有效」，許多諮商師認為即使與當事人談得很順卻無法深入，當事人也會認為諮商無效，若是當事人願意表達出不同的意見或批判，反而是讓治療進入另一階段的先兆。意見不同或衝突並不總是不好的，有時候是讓諮商雙方開啟深度治療的契機，因此諮商師也要以較為正向的觀點來看待衝突，就如同需要適當使用挑戰與面質一樣。若當事人有遲疑卻不敢說出來，諮商師可以用「立即性」技術協助當事人綜覽晤談中所發生的一些情況，以客觀描述的方式進行，並可加入一些猜測或暫時的假設，藉此了解彼此的想法與感受、規劃繼續進行的方向。

比較容易有衝突的是在團體諮商時，團體成員之間會有宿怨、權力不均或意見不合的情況，也可能會有衝突產生。許多不和出現在檯面下，諮商師或許可以用個別談話或了解的方式解決，但若是明顯的衝突出現，當然也需要在團體中解決。團體領導者對於隱而未見的可能疑慮或衝突要有足夠的敏感度，不能敷衍或假裝不存在。

有時候衝突不是發生在晤談室或團體過程內，而是在實習場所。目前許多大專院校將資源教室與諮商中心合併，這在人力資源上或許較充裕，而資源教室學生的確也需要諮商專業之協助，只是在這樣的安排之下，往往資源教室的學生情緒一爆發，就會變成諮商中心需要去處理的情況。在學校或社區中心實習，偶而也會碰到與教師或家長意見不合，甚至有衝突的情況發生，實習生有時候礙於自己年紀尚輕、尚未為人父母，加上職位不高、較少說服力，無法讓家長或監護

人前來討論商議，可以借助督導或該機構位階較高者邀請家長前來，或是一起出席進行討論。意見不同並不表示不能溝通或協調，若在衝突發生現場，有時候將人拉開現場、彼此有冷靜空間，然後再繼續進行活動會較佳；諮商師在晤談過程中，若當事人出現肢體威脅或衝突，不妨讓自己暫離現場，不需要急著將事情做釐清或說明，同時也讓與當事人較熟悉或信服者過來協助。有時候當事人不希望自己的家長或監護人知道自己的事，然而諮商師基於法律與機構規定，必須讓監護人知悉或取得合作，就可能造成諮商現場的尷尬或火藥味。此時開誠布公是最好的做法，將自己的立場說明清楚之前，一定要花時間去同理與理解當事人的考量。

　　同一機構或有來自不同學校的實習生，彼此可能因為個性、人際模式、分工或合作、督導等情況，有時會有意見分歧或衝突產生，此時實習生本身、機構職員或督導的及時有效介入就非常重要，要不然就會破壞了接下來的工作氛圍與效率。不少實習生會同時申請同一機構，倘若實習生來自同一學校，彼此之間較為熟悉，分工與合作問題較小，但是也可能彼此平日不熟悉，只是被同一實習機構所接受。由於之後要互動的機會較多，倘若兩人接觸後發現有許多歧異，但是在工作上又必須要合作，往往會產生許多問題，這些也都需要讓督導知道、先做預防或防範的安排。我們曾經發現兩位實習生來自同一學校，機構要他們共同帶領一個團體，雖然他們是採取分別輪流帶領的方式，但是彼此的團體設計不銜接，加上個性不同、表達情緒之情況

有所差異，造成團體這一次熱烈、下一次偏冷的情況，讓團體參與成員非常不舒服；另外一個案例是雖為同一系所出身，但是兩位實習生年紀差異頗大，導致團體成員對於A實習生的領導有極大「代溝」，兩位領導者有許多無法克服的差異，團體就成為了犧牲品。實習生通常較懂得「分工」，而不是「合作」，好的合作模式是需要彼此坦誠無礙的溝通、願意接受彼此的差異，並妥協出可以合作的方式，而不是各持己見、批判對方之不是。

實習生與督導間的價值觀差異或是個性的不合，往往也是展現衝突或隱藏衝突、不滿的主要原因。因為與督導之間有明顯的權力差異，較不敢挑戰督導，但是實習生「隱而不說」或刻意忽略、擔心自己被評估的後果，或甚至採取「被動攻擊」的方式，這些都會造成往後實習與專業生涯的阻礙。

最常見的是在學校實習的學生與轉介人之間的想法不同。在學校（特別是高中以下）裡，許多當事人都是經由教師、行政人員或家長轉介而來，諮商師不需要達成轉介人的「目標」，因為諮商師的第一要務與服務對象是當事人而非轉介人，因此需要儘量去了解當事人的想法與感受、當事人看見事情的發生經過，然後在當事人與轉介人之間看有無共同「公約數」出現，再看看在目前晤談時間內可以處理什麼。實習生若針對轉介人的需求或目的，對於當事人來說並不是好事——只是徒然增加另一位權威或管理者而已，也較不能站在平權、同理的立場看待當事人與其議題，更遑論協助，也失去了諮商師的功

能！以學生不寫作業來說，先了解當事人之前繳交作業的情況如何，若只是最近才出現不繳交的情況，猜測可能有特殊事件或阻礙發生，不妨詳問其情況，偶而還可詢問其「典型的一天」如何過，看看是否是時間規劃或其他問題。很多時候不要「哪壺不開提哪壺」（如學生打架），當事人可能會假設諮商師將打架責任放在他身上，當然可以詢問當事人今天為什麼會出現在輔導室？了不了解輔導老師的工作性質？讓學生自己說出來，然後再專注傾聽，至少讓當事人有機會說出自己的故事，也增加未來願意見諮商師的機會。當諮商師看到的治療目標與轉介人不同時，有時候可以先與教師或家長討論，順便蒐集資料，可以在充分溝通之後，再決定彼此的共同目標或是分享不同的想法，也都是預防或解決衝突的重要步驟。不要擔心轉介人不願意聽，至少釋出善意、願意互動，以後的合作較有可能或有效。曾有實習生在輔導室與學生晤談，導師突然衝進來、大罵學生，學生大哭，妨礙了晤談進度，這樣的情況都有必要在事前與事後與導師、督導做討論，以免相同的狀況再度發生；倘若可以在正式接案之前，讓教職員都有共識，未來辦事也較方便。

衝突解決也是人際能力之一，實習生擔任諮商工作，本身就需要許多有效的溝通技能，倘若自己在生活中不喜歡衝突、逃避衝突或喜歡挑釁，自然也會反映在諮商現場與實務中。

5-15 危機處理

一、危機處理通則

　　目前最常見的校園危機事件包括自然災害（如地震、颱風）、校園霸凌（學生同儕、學生對老師）、藥物使用與犯罪（含虞犯）、自殺／傷、車禍、親人過世、家暴或性侵害等。實習生當然會遇到危機情況，倘若不能及時找到督導或他人協助，就需要自己硬著頭皮做初步緊急處理。雖然實習諮商師較少進入危機發生之第一現場，但有時候還是可能碰到，因此相關的運作方式與處理是必須要準備好的。本節只針對一般諮商實習生可能遭遇的危機情況、自傷、自殺與家暴做介紹。

　　一般人對於危機的反應有（Parad & Parad, 1990, cited in Muro & Kottman, 1995, pp. 308-309）：空白（類似失憶）、危險、困惑、卡住、絕望、冷漠、急迫性、不舒服，導師與輔導老師要有耐性且具體地做說明與安撫、將其正常化，非必要之細節不需詳述，只是徒增恐慌而已。在學校方面，可以先做全校性宣導或說明，需要先安撫學生、家長與教師的情緒，告知事發經過與目前處理的情況，接著可能會做班級宣導，篩選可能受創或影響最大的個案，必要時請精神科醫師或社工協助，並做個別諮商，也可以依照情況做團體諮商或師長諮詢。在這個過程中，不要忘記可用的在地有形與無形資源，並適

當整合做調節，以免資源浪費。

　　有學者將校園危機管理分為三階段：事前的危機預防、事情過程中的危機控制（或反應階段），以及事件過後的危機處理（或復原階段）（引自黃韻如，2010, p. 514）。學校危機處理步驟分成預防、應變與復原三階段，每個學校都需要發展出一套可行的危機管理流程與計畫，增強既存系統功能並隨時更新與檢視，針對教職員工等進行或加強危機處理之相關訓練。平日在預防計畫中需要：（一）篩選校園內高危險因子（如危險建物、少監控場所）；（二）建立危機處理小組（包括指揮、資料、聯繫、學生服務、教師聯繫以及總務組）；（三）建立分層資源網絡系統（如篩選具專長訓練員工、建立社區資源網路資訊及關鍵聯絡對象等）；（四）規劃適當的安置處所（如避難所或醫院）；（五）擬定危機處理計畫（如管理小組清單、電話資源、處理程序等）；（六）針對校內社會福利保護性個案建檔（可保護當事人權益，避免再度受害）。在事件發生的應變方面：（一）掌握危機發生後的半小時，做適當評估；（二）立即評估案主的危險性，進行保護措施；（三）邀集所有媒體記者於固定處，由學校發言人統一對外發言；（四）留住所有學生及教職員工，直到危機已獲緊急處理；（五）聯繫社區相關資源（包括社會局、警察局、消防局、醫院、心理衛生中心等）；（六）輔導室建議心理輔導計畫，提供給家長及教師。而在最後復原的部分，教導班級導師與任課教師創傷相關處理技巧，並進行必要的重創篩選，以及班級、團體或個人輔導

（黃韻如，2010, pp. 522-534）。

　　處理危機情況最重要的是：儘量讓事件受波及者回歸到正常作息。回歸正常生活可以讓個人重拾安全感，同時也開始慢慢進行療傷的動作，此時的陪伴與隨時檢視及評估其狀況是很重要的。學校諮商師可以協助孩童與家人：（一）了解危機是正常生活的一部分；（二）對已成事件或目前的情境有新的觀點；（三）認可與接受隨著危機而來的感受；（四）學習新的問題解決技巧（Steele & Raider, 1991, cited in Muro & Kottman, 1995, p. 312）。倘若家長要帶孩子進行一些地方或民俗性的安撫動作（如拜拜、收驚），也應予以尊重，不要認為是「不科學」或「迷信」，畢竟安撫心理與情緒是最重要的，也讓家長善盡其職責。

　　有些諮商師本身因為服務族群屬於高危險群（如暴力罪犯、保護管束或犯罪保釋者），就很需要危機處理的標準程序與做法，甚至有危機按鈕通報系統及人員可以立即做處理。美國許多公立（如學校）或私人（心理衛生）機構都設有金屬探測器（如我國法院在門口設置的檢測器），以防止危險物品進入職場。幾乎每位諮商師都會碰到有自殺企圖或自殺未遂的當事人，當然也需要迅速、有效的處理方式。雖然實習生不會在危機出現時被派往第一現場處理，但是知道處理危機的標準程序是必要的，有時候實習機構若是人力不足，或是長官無適當知識，實習生也會被要求前往，倒不如自己先做一些準備，了解可用資源為何，以應不時之需。

　　諮商師的訓練課程中沒有特別規劃「危機處理」，但若是大學部的諮輔系可能就會開設此類課程，當然諮商師或是諮商督導的課程裡會將危機處理視為內容之一部分，因此若要靠正統教育或課程來補足危機處理相關知能會有一些難度，不如諮商師自己到國外或衛福部的相關網站，會看到許多危機處理的實作手冊，不妨將其下載，詳細閱讀，並積極參與不同危機相關訓練。以美國為例，自從911及南海海嘯事件之後，國家安全單位就與不同助人專業合作，完成了類似災害的預防與危機處理手冊，放在網站上免費提供各界參考，這些也都可以作為諮商師處理危機議題的重要參考資料。

校園危機事件對學生的影響（整理自黃韻如，2010, pp. 511-513）

影響方式	說明
對受災學生的直接影響	有形、無形生命財產的危害，以及影響情緒上的福祉；學校與學生都可能是直接或間接的受害者
家庭系統功能重整	家庭成員結構、經濟結構的改變（如財產損失、家長失業），家庭權力結構的轉變（如亂倫、家暴、母喪、家長再婚等）
對受災學校系統造成的影響	教師承受的壓力（如被期待「助人者」的理性角色、社區或人事壓力、將某些學生集中在特定班級，及教師在養成訓練中少有受災學生輔導之相關訓練）、校內多元意見的決策壓力、家長對受災學生造成的壓力、社會輿論的壓力、教育行政的壓力
系統間交互影響可能延伸的傷害	如災難事件中人為疏失的咎責問題、認定與賠償、後續的法律問題，而受災學生常常成為角力的籌碼，造成更多的二度傷害

重大校安事件處理流程（黃韻如，2010, p. .507）

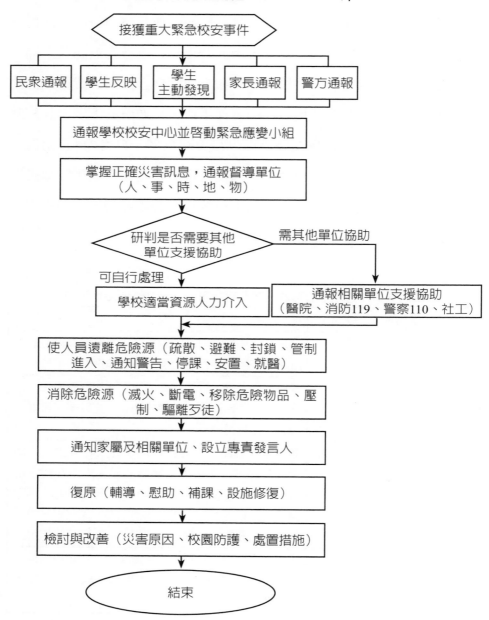

接獲重大緊急校安事件

民眾通報　　學生反映　　學生主動發現　　家長通報　　警方通報

通報學校校安中心並啟動緊急應變小組

掌握正確災害訊息，通報督導單位
（人、事、時、地、物）

研判是否需要其他單位支援協助

需其他單位協助

可自行處理

學校適當資源人力介入

通報相關單位支援協助
（醫院、消防119、警察110、社工）

使人員遠離危險源（疏散、避難、封鎖、管制
進入、通知警告、停課、安置、就醫）

消除危險源（滅火、斷電、移除危險物品、壓
制、驅離歹徒）

通知家屬及相關單位、設立專責發言人

復原（輔導、慰助、補課、設施修復）

檢討與改善（災害原因、校園防護、處置措施）

結束

　　危機處理小組的功能有（Heath, Sheen, Knox & Roberts, 2005, Sprague & Walker, 2005, cited in Little, Akin-Little, & Medley, 2011, p. 493）：

・決定危機是否存在。

・決定是否該啓動危機反應小組。

・評估對學生、職員以及學校的危險因素。

・發展以及執行特殊的處置計畫。

・與學校行政人員及職員溝通與合作。

・與社區相關機構溝通與合作。

・對學生職員以及家庭做溝通及提供協助。

・協助學校回到正常軌道。

・在危機事件之後提供學生以及職員後續支持。

・評估事件發生後的行動以及改善的建議。

災後心理防災與復健全面性工作
（吳英璋，2009，引自衛福部「災難心理衛生教材手冊104版.pdf」2015, p. 4）

階段	第一期： 心理急救期	第二期： 緊急處理的重建期	第三期： 長期心理重建期
時間	災後零至三個月	災後一至六個月	災後六至六十個月
目標	夠提供安全安適感，身體危機及心理危機的處理，讓這個人的狀態能夠恢復穩定	了解與接受自己在災變下的心理反應，恢復原本的生活狀態，恢復個人的因應能力	建立災變後的「受災的意義」，創立新的生命目標

二、自傷

「自傷是一種刻意、自己造成的低致死率的身體傷害，本質上不會被社會所接受，是用來降低心裡的痛苦」（Walsh, 2006; as cited in Juhnke, Granello, & Granello., 2011/2014, pp. 85-85）。雖然其致死率較低，但仍有可能造成永久性的傷害或死亡。非致死性的自傷行為、企圖自殺與其他精神疾病有高度的共病率（同時發生），倘若家中有疏忽、虐待、家暴、情緒反常、自尊低、受其他自傷同伴影響，以及合併有心理疾病者，是屬於自傷的高危險群。

自傷行為背後的動機有四個假設（Nixon & Heath, 2009, as cited in Juhnke et al., 2011/2014, p. 92）：（一）自動性負增強——青少年使用自傷行為以求從負面認知和情緒狀態中解脫或撤離；（二）自動性正增強——試圖與他人溝通或者獲取一些資源，如「我想讓你知道我的感受」；（三）社會性正增強——用自傷行為來產生一些渴望或正向的內心狀態，如「我只是想要感覺一下／感受一下真實」；（四）社會性負增強——用來逃離或掌控一些人際需求，如「我無法再次面對學校」。自傷動機如何確定不容易，畢竟人類行為本身就有複雜動機的牽引，研究得到的其他自傷動機還包括：渴望同儕的認同與包容、解除緊張、渴望獲得控制、試圖使自己麻木、想要感受「溫暖的血液」、渴望把情緒上的痛苦轉換成身體的痛苦、想要展示「奮戰的傷痕」以及自我懲罰（Juhnke et al., 2011/2014,

p. 93）。

　　一般說來，若是以自傷作爲情緒調節的機制（如上述之「自動性負增強」、「社會性正增強」），自傷者不會輕易將傷口示人、且多將其視爲自己的祕密，倘若常以自傷傷痕示人，可能其目的就不是用來調節情緒。自傷的警訊包括：（一）生理上的線索——不適合氣候的穿著、衣服上有血跡、無法解釋的疤痕或瘀傷，以及神祕的行爲（像是花很多時間在浴室或其他隱密的處所）；（二）情緒上的線索——包括沒有能力應付太強烈的情緒，如憤怒、焦慮、害怕或憂鬱；（三）行爲上的線索——像是疏離、退縮或自我厭惡等（Juhnke et al., 2011/2014, pp. 99-100）。

　　處理學生自傷時：不要以團體方式進行（以免他們互相模仿或交換自傷細節），限制學生向同儕透露自傷行爲，注意他們在網路上的分享（Juhnke et al., 2011/2014, p. 95）；教師們不要羞辱或讓學生感到內疚，不要在班級或公開場所討論，或與其共謀（如要求老師保密），只爲阻止自傷；也不應運用處罰或其他負面方式來處理自傷（Juhnke et al., 2011/2014, p. 98）。

　　輔導教師在協助自傷學生時，穩固的治療關係很重要，因此要與學生建立關係，教導其溝通技巧（使用健康、適切的方式表達需求），讓學生可以辨識以及適當表達他們的情緒，用一些方法來協助因應負面的情緒（如放鬆、適當藥物、運動等）來自我安撫，以及提高其挫折忍受度。再則，教育和練習一般問題解決的策略以及協商技

巧，另外要訂立安全計畫（也就是他們開始感覺到自我傷害的渴望壓
力時，可以做些什麼）（Juhnke et al., 2011/2014, pp. 103-105）。

　　廣義的自傷含包括嗑藥、抽菸、飲酒等，雖然其傷害需要較長期
才看見或不明顯，但也是近年來世界衛生組織注重的部分。

用自傷來處理情緒（Hollander, 2008/2010, pp. 61-70）？
· 自傷像止痛劑（減少低落情緒回頭）。
· 自傷是預防自殺。
· 自傷是為了感覺「我還活著」。
· 以自傷來對抗「沒被看見」的感受。
· 自傷是為了逃避。

減少情緒失控的方式（Goleman, 2011/2013, pp. 71-73）
1. 留意自己的情緒或狀態。
2. 注意到情緒失控時的熟悉感覺。
3. 在情緒失控前防範於未然、採取因應行動。
4. 跟自己講道理。
5. 發揮同理心，體會對方的感受與想法。
6. 透過冥想或放鬆方式，讓身心平靜下來。

心靈小站
自傷常是青少年用來解決情緒問題的手段。一是對自己的「無感」，為了證
明自己活著、還有感覺；二是自己過度敏感、情緒容易波動，因此使用自傷
來「管理」自己不想要的情緒。

培養挫折忍受力（不限於此）

Ellis（1997）認為我們的非理性信念與挫折忍受度有極大關聯。一般人的低挫折忍受力主要是因為：要求自己的生活要很輕鬆舒適，堅持他人對待自己要絕對和善、體貼、公正與慈愛。這些錯誤的要求或信念導致個人不能容忍事情發展不如其預想。因此培養挫折忍受力的方式可以有：

・不因一個小挫敗就喪失信心或怪罪他人及自己。

・勇於嘗試，試過之後可以學習能力。

・在行動之前三思可以，不要想太多反而沒有行動力。

・凡人做事都會受到批判，自己的評估最重要。

・願意踏出舒適圈，嘗試新的行為與想法。

・以自己希望被對待的方式對待他人。

・願意站在對方的立場設想。

三、自殺

　　自殺與自傷的動機不同，前者是以減少心理痛楚、死亡為目的，而自傷主要是用來管理情緒。年幼的孩子與青少年因為尚在發展階段、人生歷練不足，較缺乏問題解決能力，加上網路或媒體的不當訊息，可能就在多重壓力下有自殺意圖與行動，但是多半會有徵象出現，師長要注意觀察、適時做詢問與關切。自殺的類型是以自殺動機來區分：為了逃避而自殺（如逃避強烈的身體痛苦或心理痛苦，令人不滿意的情況，或失去生活意義）、求救的表示（如表達失望或獲取注意，以自殺企圖來做改變）、潛意識有意圖的（如激怒他人〔包含犯罪〕以求死，藉由他人之手迫使自己死亡），以及慢性自殺（藉著

藥物、酒精、菸、危險生活等縮短性命）（DeSpelder & Strickland, 2005/2006, pp. 178-181）。十四至二十四歲，以及六十五歲以上是自殺高風險期，青少年因為有多方壓力（包括對自我的期許、同儕壓力、家長管教或家庭功能、學校與成績、社會期望等），也較為衝動，若本身家族有自殺歷史或潛在精神疾病（Juhnke et al., 2011/2014, p. 9），又有接近自殺方式的管道，更容易自殺成功。自殺的危險因子包括：生理上（家族史，過去有家族成員自殺的青少年和兒童更容易企圖自殺，若家人自殺發生是在最近一年之內，風險更高，女孩較男孩還更容易因人際壓力而死於自殺）、情緒上（衝動是一種情緒化的危險因子）、認知上（因應與解決問題能力較差或者是完美主義）、行為上（衝動行為和藥物濫用）、環境上（同儕壓力的影響、孤立、退縮、虐待史、家庭功能障礙與承受高度壓力）（Juhnke et al., 2011/2014, pp. 8-14）。憂鬱症與自殺有高度連結，Blatt 等人（1976）發現從憂鬱症到自殺會出現三個層面的情況：依賴感（尋求協助與支持的需要）、自責與自我否定（批判自己所犯的錯誤、自我評價低）、無力感或無效感（許多事情與行動已失控）（引自林綺雲，2004, p. 189）。這也說明了憂鬱症與自殺死亡之間的可能關係。

　　自殺防治要注意：強調求助技巧以及資源；學生需要有自殺、憂鬱症與心理衛生的相關資訊；現代孩子常造訪網路的聊天室，是模仿自殺行為風險最高的一群；針對保護因子（如因應技巧、情緒管理或

向關心的成人求助的課程）會有幫助；孩子可能誤解對朋友的忠誠，相信為同儕自殺傾向保密是做對的事，這點也需要加強教育，而且要告訴他們不需要為其他人的存活負責，也不需要覺得他人的安全是自己的責任；成人在對青少年和兒童做自殺防治教育時，永遠不要將自殺描述為對壓力的一種反應，也切勿將自殺解釋為停止痛苦的方式；基本上要對學校中所有的成年人進行關於自殺防治的心理衛生教育。

　　家長需要知道的訊息包括：自殺迷思，如果他們認為孩子有問題時可以做什麼？尋求協助的轉介資源，以及有哪些協助可用？而最重要的是要問問題，以及傾聽孩子。自殺防治非一次性的教育課程，而是需要持續以融入課程的方式、在心理衛生的架構下，呈現自殺風險。兒童與青少年企圖自殺或自殺死亡都是源自於未被辨識與治療的精神疾病和藥物濫用（Juhnke et al., 2011/2014, pp. 28-37），尤其青春期是潛在心理疾病的高度發生期，諮商師也要特別注意。

　　企圖自殺或未遂個案的處理需要：尋求醫療協助（或住院），同時進行心理治療或諮商，支持系統不放棄，完整有效預防再度自殺的可能性。諮商實習生最需要注意的是：沒有危機意識。在面對當事人時，常常因為自己想做好晤談工作，卻忘了觀察與做適當詢問，因此錯失良機，此外還有較缺乏適當同理，因此沒有意識到當事人可能有自殺意圖或行動，接下來的處理動作就沒有做、喪失先機。倘若是與當事人晤談之後，發現有處理的必要性，不管是打電話詢問，或是聯繫當事人可用資源，都請儘量完成，畢竟遲些總比未做好。

　　賀孝銘（2019）針對自殺行動現場人員的建議處置方式依序是：入場（進入當事人所在之現場）→連線（與當事人互動，注意勿激化當事人）→與當事人同步（不加入任何新的素材，聆聽當事人述說其故事，並給予回應——行為解讀與預期性同理）→引出（使用暗示、命令、再保證，給予當事人希望與控制感）→離場。倘若引出的部分未達目的，就回到「與當事人同步」的步驟。這些步驟都需要經過教導與練習，在適當時機才能派上用場。

　　另外一個很重要的危機處理就是「強制送醫」部分。如果學生心理疾病發作，或者是有自傷／自殺甚至傷及他人的危險，可能就需要強制就醫。所謂的「強制」本身就是違反自主權的，目前國內在強制就醫前需先經過委員會的審核（可以線上審查）與同意，諮商實習生最好先請教機構人員處理或通報的方式。賀孝銘（2019）提到強制就醫對象主要是危險個案或高傳染性疾病者，平日或週間要先通知當地衛生當局的負責公衛護士（若是週末發生，隔天需要上線通報）。如果情況較不危險，可以通知消防隊前來協助，若需警消協助，但又不願意干擾附近社區的安寧或驚動學校師生，可以請警消或救護車不鳴笛。諮商師或負責人需要對公衛護士說明情況、發生地點、需要有什麼經驗者／多少人來處理等。倘若當事人有傷害自己及他人之可能性，可以請其派有「約束」裝備的救護車過來，如果是攻擊性很強的當事人，那麼諮商師或負責人就請警員陪同進入醫院或請其協助戒護。比較麻煩的通常是請監護人（或是可協助者）前來，許多家長可

能因爲處理太多次自己孩子這樣的情況，身心俱疲，不太願意出席，校方或是機構就要想辦法取得其協助。但要注意的是我們可以強制送醫，卻不能讓當事人強制住院，還是需要得到其監護人或本人之同意，倘若對諮商師的信任度夠，與當事人或其關係人保持良好溝通，或許可以說服當事人住院治療。

若自殺已遂（成功），接著就需要處理存活的重要他人與相關人，包括悲傷輔導的部分。在這裡要特別提醒的是：危機個案的危險程度檢視，應該要持續進行，而不是檢視一兩次，或是當事人給了保證就不繼續做。此外，許多諮商師會將當事人自殺未／已遂視爲自己的責任，無論在學校或社區機構都應該是系統與團隊合作來防堵自殺，不應是諮商師本身個別的責任。許多諮商師都做了該做的，卻依然無法遏止當事人最後的決定或結果，不需自責。當然諮商師會從這些危機處理中學到更多的智慧與有效的處理方式，這也是專業的成長。

處理自傷／殺時，實習生容易將焦點放在「防止」當事人自傷或自殺，常常會讓自己的思考變得狹隘，有時候除了運用標準程序與方式之外，不妨先花時間聽聽當事人想說什麼？這些危險行動背後欲達之動機／目的爲何？當事人之前曾嘗試用哪些方法達成卻失敗？讓當事人可以看見諮商師的善意、有無轉圜之處或願意嘗試其他解決問題的方式。如：「你認爲沒有人了解你的痛，所以之前你用過什麼方式希望別人可以了解？這些方法的效果如何？」「你說如果你在這個世

界上消失了，沒有人會在乎，談一談你最想誰在乎？」曾有實習生在治療關係未建立好之前，就要求當事人以直尺替代刀具的方式來進行自傷動作，反而遭到當事人鄙視、拒絕合作，這也說明了實習生急於將當事人自傷問題「舒緩」或「解決」的便捷方式，沒有真正傾聽與了解當事人之心境，結果適得其反。

此外，同儕／學的自傷／殺要脅或企圖，通常會讓全班／校師生陷入恐慌，有時候反而讓相關人員覺得自己被「情感綁架」（如班上某位憂鬱症同學以自己生病要脅老師成績要給予寬容，要同學協助許多事務或要脅男友不准與其分手），此時諮商師就需要針對相關利害人做進一步的心理衛生宣導、有效協助卻不失公平等措施。

自殺危險性評估

· 情緒狀態：當事人的情緒狀態若很低落，而且持續超過三週，可能就是憂鬱症的候選人，對於自己、未來與世界都不抱持著正面想法。

· 體力與生活功能：體力若下滑，可能無力執行自殺計畫，若一旦恢復，就是關鍵危險期。

· 心理性疼痛（痛苦）。

· 自殺計畫：有越縝密的自殺計畫者，其危險性增加。

· 自殺想法或歷史：有過自殺企圖與行為者，其自殺成功率增加。

· 自殺手段：其計畫的自殺方式是否容易取得？若很容易（如跳樓），其危險性增加。

· 支持系統：當事人與家人或親友的關係如何？倘若與家人疏遠，又無可以求助的人選，危險性大增。

· 失落事件或偶像死亡：當事人最近若有重大失落事件，也可能引發其自殺念頭與執行，青少年也會因為偶像死亡而想要與其一起殞滅。

一般自殺處理要點（DeSpelder & Strickland, 2005/2006, p. 198）

1. 嚴肅地看待自殺可能前兆或徵象。

2. 找出自殺意圖與行為線索。

3. 藉著支持、了解與同理來對企圖自殺者做回應。

4. 藉由問題、無畏懼地與危機中的人談論自殺來面對問題。

5. 獲得專業的協助以處理危機。

6. 提供自殺以外的其他選項。

7. 維持與鼓勵希望感。

自殺徵象（整理自Capuzzi & Gross, 1989; Roswarski & Dunn, 2009）

1. 低自尊、較無主見、有罪惡感者。

2. 感覺無助或無望。

3. 孤立的社交網路。

4. 以成就來肯定自己（不能忍受失敗），覺得自己無價值。

5. 當時承受過多或極大壓力。

6. 有重大失落或偶像死亡。

7. 有自殺歷史、曾企圖自殺。

8. 情緒低落或憂鬱症。

9. 睡眠、飲食習慣改變。

10. 覺得無聊（或人生無意義）。

11. 生理上有病痛。

12. 藥物濫用。

13. 行為或個性突然改變。

14. 威脅要採取行動自殺。

15. 談論死亡或暴力。

16. 無法專心。

17. 把珍貴物品送人（有「告別」或「交代」意味）。

18. 翹家或逃學，課業上有變化等。

四、家庭暴力與亂倫

家庭暴力對於受害者（包括目睹者）的影響，最明顯的就是身心創傷，不僅對自己的價值感降低，對於人與人之間沒有信任感，也可能影響到以後對於親密關係的發展與親職能力之表現，或性犯罪（Bloom, 2000）。國內目前開始注意到目睹或耳聞家暴的受害者，其影響層面並不亞於親身受害者。當然行為人在施行肢體暴力的同時，也伴隨著語言（鄙視、汙衊）與心理或精神，以及行動或財務控制的暴力，這些對於受害者的傷害更多。家庭暴力與種族、社經地位、信仰沒有關係，反而是貧窮會增加其發生率，而家庭暴力的再發率很高，不是一次的意外事件而已（Kaplan, 2000）。許多家長對子女的家暴是「過度管教」，家長自身在情緒衝動下往往會造成意外或重大傷害，許多家長仍認為「棒下出孝子」，將子女視為自己財產，甚至用情感綁架方式要脅孩子順從。孩子被最親密的家人凌虐或忽視，忠誠與受害的矛盾、糾結情緒可知一斑。家庭內性侵害（亂倫）持續最久，對受害者影響最鉅。

離婚率持續增加，雖然男性再婚率遠高於女性，但是女性常有同居人也是事實。家庭成員與結構的變化、權力不均，家暴或性侵因而屢見不鮮。對於直接受害與目睹家暴的兒童與青少年來說，生存的安全受到威脅、情感所依附的矛盾感（愛與懼同時存在）、對家長的忠誠度受到考驗、情緒上的警戒與保護機制常常啟動，這些對於成長中

的孩子都是莫大痛苦與威脅，在這樣的情況下又如何專心學習、與人互動？一般的性暴力可能是機會犯或一次事件，但是若性虐待發生在家庭內（特別是成人對孩子），其受害時間更長，也是摧毀家庭最可怕的力道，倘若因此失去經濟來源、家人被迫分離，兒童或青少年受害者將成為眾矢之的，又如何繼續在家中生活？

　　對於家庭暴力的防治，除了讓加害者受到適當處罰與治療之外，主要還是放在受害者身上，也就是保護受害者不再受到傷害，教導受害者如何保護自己的安全，又如何因應可能的暴力危險（Kaplan, 2000）。若是家中成人對孩子施暴，需要與家長溝通管教的限制與方式，以及可能的法律後果。家長的情緒與管理是溝通重點，而教師需要成為孩子的代言者與信任對象，提供其持續穩定的滋養與關切。家暴事件會因為兒童／青少年與家人的血緣關係而造成發現或通報的延誤，往往是事態嚴重才被發現，處理事件的相關警政、心理與社福人員，都需要通力合作，有極大的抗壓性與道德勇氣，才有可能善始善終。

　　實習諮商師可能較無機會了解若某種情況發生，該聯絡哪些資源或人力？這些都是需要學習的，不一定要等到手邊有案件時才去了解，許多資源或是資訊，都需要提前了解與準備，能協助臨場思考與動作，也較不會驚慌失措。在大專院校，實習生若是有機會跑一次公文流程，就會較清楚官僚體制的一些情況，如何在有限時間內取得最有效的協助，清楚作業流程也很重要。

家暴近六年統計（摘錄自衛生福利部網站）

年度／總件數	通報單位／件數／占全部家暴百分比	受暴對象人數
102　152,680	警政 58,658（38.42%） 教育 12,989（8.51%）	配偶或同居　60,916 兒少保護　　40,597
103　133,716	警政 57,267（42.83%） 教育 5,563（4.16%）	配偶或同居　60,816 兒少保護　　22,140
104　135,983	警政 62,303（48.87%） 教育 6,050（3.27%）	配偶或同居　61,947 兒少保護　　21,360
105　135,785	警政 66,352（48.87%） 教育 4,435（3.35%）	配偶或同居　64,978 兒少保護　　16,198
106　137,148	警政 68,958（50.28%） 教育 4,588（3.35%）	配偶或同居　64,898 兒少保護　　15,779
107　138,637	警政 71,311 教育 4,813	配偶或同居　65,021 兒少保護　　15,188

造成家庭暴力的危險因素（Kaplan, 2000, p. 50）

- 受害者與加害者之間的權力不均關係（包括個子較小、年紀較輕、權力較小或是較為瘦弱）。
- 加害者本身有沮喪情緒或藥物濫用的行為。
- 女性成為出氣筒。
- 家庭有壓力事件發生。
- 家中孩子多於四位，且彼此年齡相距密集。
- 年輕或是單親家長。
- 社會孤立。
- 兒童期曾暴露在家庭暴力的經驗（男性容易成為加害者，女性則是受害者）。

性虐待的影響（Bolton, Morris, & MacEachron, 1989）

影響面向	說明
性行為方面的問題	性功能失常或停滯，強迫性性行為或逃避性行為，對於屬於性與非性（nonsexual）行為感到迷惑，可能有侵犯性的性行為或誘引的性動作，也有雜交或罹患性病的可能
情緒上的困擾	無望、焦慮、覺得有罪惡感或羞愧、人格違常或性格上的問題、憂鬱、低自尊、情緒表達的失常、不信任、孤立自己或對他人懷有敵意
行為上的問題	出現逃學、離家的行為，極差的人際關係、自毀的行為、自殺的想法、衝動行為、強迫性的習慣、不切實際的想法或退縮表現、很容易再度淪為受害者、嗑藥，以及過分活躍
兒童時期的困擾	睡眠的問題、擔心或害怕、學習上的困擾、退化的行為，以及呈現身心症的情況

五、性平事件與處理

　　近年來人權意識提高，性平議題（如性侵害、性騷擾、妨害祕密或性傾向）甚囂塵上。以往國小狼師事件層出不窮，但是目前各級學校出現的狼師已經不限於異性關係，通常一個案件爆發往往只是一個開頭而已，底下的未爆彈就會如雨後春筍般出現，受害人數與其影響更多、也更嚴重。隨著網路科技的推波助瀾，讓許多霸凌、性騷擾、性侵等案件以新的姿態陸續呈現、產生的連漪影響更龐大，實習生也可能會碰到類似案件，需要聯合相關資源做最少傷害（所謂的「災害控管」）的處理。導師與諮商師經常是發現學生不對勁的第一人，協

助將此事曝光或通報，接下來要採取哪些行動，都需要考量當事人的心境與掙扎，更要戒慎恐懼地進行處理。

目前性平相關事件一旦舉報或發生，就可循既定流程與管道進行處理，雖然案件告發之後會有學校性平小組介入進行開會或調查，但是接下來要如何安撫或協助學校師生或社區居民，也是工作要項之一，不能只是處理最相關的行為或受害者而已！過去曾有一小學女生受性侵後遭到殺害，搞得全社區人心惶惶，班上同學開始出現靈異現象，或類似精神疾患徵狀，家長憂心忡忡，擔心自己的孩子會是下一位潛在受害者，這些後遺症都需要持續評估與處理，才是最周全的防範之道。萬一有性平事件發生，諮商師通常需要緊密跟隨案件處理情況，因為受害者往往較信任諮商師或其導師，因此各處室間的合作與協調很重要。發生性平事件，對絕大多數當事人來說都是第一次，不太清楚相關法律與處理流程，諮商師的陪伴與說明很重要，可請教同儕、督導或法律人，緊盯案件發展、當事人或其監護人的情況，做適當的資源連結與協助，即便在法律程序走完之後，還是要繼續評估與提供援助。

5-16 通報與否

發現與處置危機情況的同時就會有通報之必要，實習諮商師需要考量自己目前所協助的當事人若有特殊情況，在做處置的同時，也有

通報之必要，因此必須了解在什麼情況下需要通報、通報是否會妨礙治療關係、是否該立即通報、讓當事人或其監護人了解（知後同意）的適當說明等。通報基本上是保護當事人，但同時也是為當事人找尋資源或把資源拉進來。

　　機構或學校都有通報的系統與標準程序（standard operation process），行政人員或督導都清楚其程序，因此實習生在考量其必要性前後，都可以找人（包括督導）商議，再做決定。有些機構會立即採取直接通報的程序，但是有些則會考量通報所造成的影響（如隱私曝光、通報可能會讓情況更嚴重或危險、影響當事人的重要關係或諮商關係等），會先做通報前的處理，然後再依循標準程序進行，諮商師不要為了保護自己而通報（林家興，2017, p. 108），只因延遲或不通報會受到行政懲罰。實習生在面對通報與否的議題前，不妨先找督導商議處理方式，若無法及時找到督導，也請教該機構有處理經驗的諮商師，並在備忘錄上記載自己採取的一切動作（含諮詢）。

　　有些危機事件或當事人，不是一次事件，而是過一段時間又會再起（如憂鬱症），或是連續性威脅（如自殺企圖），因此必須要再度做通報，林家興（2017, p. 107）提醒再度通報的依據為：是否懷疑當事人正遭受性侵或虐待等危險情況？當事人是否需要社會局之協助？這其實也提醒諮商師需要追蹤通報個案，而不是做完通報動作就了事。通報的同時可能需要協助當事人做一些處理，像是當事人是否會遭遇更嚴重的暴力與威脅？覺得自己背叛了家人或破壞家庭（如家

暴或家庭亂倫）？家人是否會被拆散、要轉學或被暫時安置、有家人因此入獄（如高風險家庭）？諮商師要如何協助當事人了解這些不是他／她的錯？如何保護自己不再受到傷害？倘若要上法院，要如何協助當事人做準備？最簡單的考量就是以當事人或其關係人之福祉為優先，權衡較為適當的做法，並不忘諮詢與連結可用資源。

高風險家庭篩選評估標準（有或無）

判定情況
家中成員關係紊亂或有家庭衝突，家中成人有同居人、常換同居人，或家長或同居人從事特種行業、有藥酒癮、精神疾病及犯罪前科
兒童或少年父母或主要照顧人從事特種行業、有藥酒癮、精神疾病而未就醫或持續就醫者
因貧困、單親、隔代教養或其他不利因素，使兒童及少年未獲妥善照顧
負擔家計者失業或重複失業（包括裁員、資遣）、強迫退休，使兒童及少年未獲妥善照顧
負擔家計者死亡、出走、重病、入獄服刑等，使兒童及少年未獲妥善照顧
其他

5-17 悲傷輔導

實習生在實習過程中會遭遇到當事人的失落事件，或是重大災難事件，都需要配合機構做協助與支援。當事人若有生命失落事件發生，悲傷輔導是必要的動作，哀悼儀式與過程具有「結束（彼此關

係）」或「說再見」與「安撫情緒」的功能，同時建立與凝聚支持系統。實習生對於悲傷輔導較欠缺相關知能，或者是雖然閱讀過相關書籍或論文，但是缺少實際應用的機會，因此不用太過苛責自己。倘若是在沒有充分準備的情況下接到個案，也不用驚慌，拿出最基本的諮商人態度，願意聆聽與陪伴，協助當事人回顧（或知道）事發當時的情況與想法或情緒，整理與發生事件主角的關係，並檢視當事人日常生活與功能（如睡眠、飲食、社交、上課或活動的情況），看是否需要其他資源之挹注。

哀悼過程有兩層意義：一是從悲傷中復原（結束），另一個是新的開始（重新調適無逝者的世界）。當然哀悼過程並沒有結束，只是我們學會慢慢調適（Rando, 1995, cited in Marrone, 1997, p. 112），畢竟生命中已經產生變化，不再像以前一樣。悲傷需要時間去消化與沉澱，不需要諮商師急著安慰或撫平其情緒，願意等候到當事人想進一步做處理是很重要的，也就是諮商專業所謂的「調頻」與「同步」。年幼的孩童可能會以「外化行為」方式（砸物品、捶打、謾罵、逃家或逃學）發洩其情緒，對此舉動要接納、認可與詮釋，若會傷己或傷人，也要做預防、防堵或保護動作，但要記得採用溫和、鎮靜與友善的態度。

處理失落經驗與哀傷最重要而有效的態度就是：有回應，也問問題，讓當事人有機會表達自己的感受，並以不同形式與逝者做連結（包括關係的轉化）。有時是當事人突然失去重要親人或寵物或是失

能，有時是班上有人過世或是在緊密救治中，因此要顧及全班同學。做完班級輔導後，可以在班上設置一個紀念地點（有時是在過世或生病學生的座位，或是班級的某個角落），諮商師或導師也可以協助同學做祈禱（要顧及其他學生之宗教信仰）、悼念或追思、生命回顧等活動，學生若要依照自己的意願或想法進行一些懷念動作，可以與其商議；接著可依據學生或社區需求，進行重創後遺症或憂鬱等篩選，然後進行團體或個別諮商工作。若服務對象是小學生，孩子可能會對逝去之人有一些罪惡感，也會後悔自己之前應該做些什麼卻沒有做，或者是做了不該做的事，所以「造成」對方的死亡，因此要讓孩子清楚對方的死亡與他／她無關，說明並撫平其情緒。雖然實習生在這些重大情況下通常是站在第二線的位置，也就是機構內資深諮商師會身先士卒、擔任處置動作，實習生可以自從旁協助或是觀察中學習如何處理，倘若自己在悲傷輔導或相關知識上缺乏，應儘快想辦法補足、有備無患。

要特別提醒實習諮商師，不要在悲傷輔導時急著安撫當事人或給予無效的保證，而忘了基本的傾聽、陪伴與同理，倘若在諮商室中晤談氣氛太沉重，不妨走出諮商室，到走廊或戶外地點散散步，不同的環境安排也會給予當事人空間做沉澱與暫時的隔離。另外，諮商師不要說太多話，倘若當事人沉浸在悲傷中，讓其有機會去體驗當下的情緒是很重要的。

哀悼模式（Marrone, 1997, pp. 114-131）

哀悼過程	說明
認知重建	啜泣與哭嚎，敘述關於逝者的死亡過程，依據過去、未來、世界與自我做認知重建
情緒表達	空虛、緊張焦慮、疲憊或掏空的感受，情緒無著及沮喪、很難維持正常生活功能，承受因逝者而去的其他失落、學會因應心理傷痛
心理重整	藉由問題解決、情緒抒發與社會支持，重新整合自我效能、重新調適與逝者的關係及其在自己心目中的位置
心靈轉換	失落經驗會衝擊我們對世界的假設與信念，也會激起許多的質疑，存在與靈性問題因之而起，我們會去找尋自己認為神聖的物品，試著去連結此肉體生命以外的自己

悲傷過程的階段（Deeken, 2001/2002, pp. 41-45）

階段	說明
震驚與麻木	面對親人死亡，一時之間難以接受，呈現出對現實感麻木的情況
否認	理性上拒絕接受親人已逝的事實
混亂或恐慌	從恐懼陷入極度的混亂，對周遭事物無法專心，日常生活也出現問題
憤怒、感覺不公平	為何自己受此折磨？認為不公平的情緒轉為憤怒，若發洩管道受阻，就將氣憤轉向自己
敵意與懷恨	對逝去之人有敵意與憤恨之心，認為對方為何不小心或不注意自己健康（不負責任）
罪惡感	懊悔自己所做的或該做卻沒有去做的
空想與幻覺	認為死者還活著，在日常生活中當死者仍在世時一樣
孤獨感與憂鬱	希望自己可以超脫孤單感，也需要他人的協助

悲傷過程的階段（Deeken, 2001/2002, pp. 41-45）（續）

階段	說明
精神的混亂與凡事不關心	生活失去目標、覺得空虛、不知如何是好
絕望到接受	知道事不可挽，要去接受與面對
新的希望：重新發現幽默與笑容	看見不同的自己與逝者的關係，想為對方更認真活下去
重新站起來：新的自我誕生	重新獲得自我感，也有更成熟的表現

5-18 自我保護

諮商師該如何預防被訴訟？若受到當事人騷擾，或許劃清界限還容易預防。諮商師平常面對生活遭遇困阨的當事人，就容易會有過度同理或移情的可能性；處理天然或是人為災害，可能會有替代性創傷或受到負面影響；面對一些危機個案，也可能會有身體上的威脅或危險。

諮商情境中會有危機或危險情況需要處理，倘若事出突然，可能危及諮商師本身時，該如何做處理？也就是諮商師是否能夠預測暴力行為以及處理攻擊行為？以美國為例，擔任保釋官、服務對象為心理疾患或罪犯者，會遭受到當事人或其關係人的威脅、傷害與報復，因此後來心衛中心也設置了金屬探測器以防範未然。我國的治安尚稱良好，只是還是會顧慮到安全的部分，像衛福部規定設立心理諮商服務

中心都必須要有危險通報與逃生設備，主要立意在此。美國因為有擁槍執照，加上槍械取得管道多，因此許多都會區中學都設有金屬探測儀，防堵的是危及校園安全的一切。十多年前曾出現過擔任保釋人的諮商師遭案主槍殺的事件，使得一些公私立心理衛生中心注意到武器探測與安全防範的重要性，甚至增設了警衛保安。

　　儘管衛福部明令私人心理諮商診所必須設置警鈴，但是警鈴只是用來驚嚇或威嚇、知會同僚，卻不一定與警政單位有聯繫，該怎麼辦？絕大部分的諮商師沒有意識到自己可能會遭遇生命威脅或危險，因此還是必須要做一些保護自己的準備與措施。換言之，諮商師需要有預測與處理危險行為的能力，包括與危險當事人妥協、談判、爭取反應時間。

　　倘若實習生是與較高危險群（如監獄與醫院）工作，也要讓自己熟悉危險病人的徵兆，並遵循標準流程做適當通報與反應。大專院校的諮商中心有些設有緊急通報鈴，可以連接到警衛或校安處，但是在危機事件發生的當下，還是需要有一些緊急有效之處理動作。最常見的是當事人脾氣暴衝，突然想要傷害自己或諮商師，諮商師按下緊急鈴之後，還是要試圖安撫當事人情緒，不要只是要對方冷靜下來，而是先同理其可能有的情緒，導引往正向方向。如當事人喊：「我死了，問題就解決了！」諮商師可以回應：「這個問題已經讓你覺得走投無路，但是你真的很想有比較好的解決方式。」或當事人說：「我就是要報復他，讓他不得好死。」諮商師可以說：「你很氣憤、覺得

不公平，要想辦法讓他付出代價。」當事人若手上有傷人的武器，諮商師可以先想辦法讓他暫時放下來，然後一起思考解決的方法。有時候事發突然，諮商師要先保護自己不受傷，也注意當事人可能受傷的危險性，或是大叫、敲打以吸引他人注意。一般的諮商室為了確保裡面談話不被他人聽到，隔音設備做得較好，當然也可能有警鈴的設置，只是有時候諮商師不一定在第一時間會找到或按到警鈴，因此還是要有B計畫；有些諮商所若空間較大，每個人都在忙自己的事。即便諮商師大喊也聽不見，這些救援緩不濟急。

倘若當事人意圖性騷擾或性侵害諮商師，甚至做了一些很奇怪的行為（如裸體或起乩），諮商師也不要驚慌，自己先深呼吸、爭取思考動作時間，然後將焦點轉向當事人，詢問其行為背後的意圖，然後瀏覽一下諮商室內的設備與物品，必要時就地取材，也可以徵求當事人同意，讓自己有機會離開諮商室一下，就可以討救兵。

一般說來，諮商師如果是在學校工作，較不會有危及自身的案例出現，然而在社區或者是在比較特殊的矯治機構（如監獄），可能就需要注意身體安全。諮商師面對的是一般社會人士，協助的是生活中遭遇的困擾，基本上較無危險性，而即便接觸到一些心理疾患者，絕大多數的心理疾患者也很安全，只有極少數、有過傷害或暴力紀錄者需要注意。

諮商師不管是在社區、醫院或私人診所工作，倘若碰到當事人的情緒爆發或有攻擊動作，該如何處理？如果在第一時間無法按壓警鈴

或招喚他人協助，自己又該做哪些動作保命或維護自身安全？除了清楚機構對於突發事件的處理流程並做演練之外，也要清楚逃生門與安全路徑，平日這些路徑都應該確保其安全與暢通。若是在諮商室內發生，該如何舒緩當事人情緒、為其保管危險物品，以及自己要如何防範危險或被攻擊的可能，也都可以事先思考與商量。諮商師對於當事人可能出現的危險徵兆與敏感度，如何安撫衝動、有攻擊性的當事人，是需要訓練的一環。此外，有些當事人可能對於諮商師有情結或需求，會在諮商室或機構外採取一些實際行動（如跟蹤或企圖傷害），諮商師除了對於自己服務特殊族群的了解相當重要外，對於當事人有過的一些經驗或醫療史也要清楚，同時對於危急情況有一些設防。

當然諮商師可能受創的部分並不限於身體上的傷害，心理上如何與當事人維持適當距離，卻又顧及治療關係，防止被情緒綁架或威脅，甚至是免於情緒或專業耗竭，這也會在稍後的篇幅提到。

5-19　諮商協助該到何種程度

即便是資深諮商師也會遭遇瓶頸、不能有效協助當事人，然而也有諮商師認為某些心理疾患是無法治癒的，不知道該陪伴當事人到何種程度，甚至認為諮商師徒然在浪費時間。儘管諮商師較少做深度人格改變的心理治療，但是諮商師遭遇到心理疾病或人格疾患的機會也

在增加中，即使不能夠「治癒」當事人，但至少可以舒緩其症狀或增進生活功能（林家興，2017, p. 79）。許多當事人不清楚自己的問題（如不知道自己可能是憂鬱症患者），或是缺乏資源管道（如就醫或社會救助），諮商師可以進行觀察與初步診斷，並協助當事人取得適當資源，讓他／她有機會過更好的生活。

　　新手諮商師常常苦於自己該協助當事人到何種程度？如何才算是有效？何時可以減少晤談次數或延長晤談期間？何時該結束治療或轉介？或是如何做追蹤評估？這些決定有時候可以找督導討論，慢慢就會摸索出方式與方向。有些機構接了政府的補助案，讓一些民眾接受有照諮商師服務，但是當經費用罄或是計畫結束後，就將當事人轉介到其他機構，或者是讓機構的實習生接手（以免違反拋棄當事人之倫理或遭訴訟之結果），這樣是否是為當事人最佳福祉著想，其實有很大疑慮，而實習生本身也很為難，一則擔心自己到底能夠怎麼協助當事人，另外也擔心自己的能力與治療深度的問題。通常這些當事人也會懷疑轉介的目的（是讓治療有效，還是自己被放棄？）。當機構派出諮商實習生出來接手自己的案子，當事人會如何想？有沒有被敷衍或玩弄的感受？

　　諮商當然不是萬能，也不是獨立作業就可以，建議新手諮商師不管是何種個案都試圖接接看，因為都是學習的契機，也可以試試自己的功力與限制，若是無法有效協助當事人，就做適當的諮詢或轉介，至少學得了經驗，以後遭遇類似問題或個案就不會慌張失措。此外，

有些諮商師雖然會注意到為當事人尋找可能的資源或補助（如經濟、互助團體、社福或法律扶助），然而也要記住 —— 首要之務是協助當事人恢復其能力，可以獨立面對生活中的問題並做適當解決，資源或協助挹注過多，可能剝奪了當事人的能力、養成其依賴心態或習慣，諮商師必須因此負起失職的責任。

實習生最擔心的就是晤談總是在原地打轉，甚至不清楚繼續下去有無效果，也就是無法深入當事人所關切的議題，諮商師自己也會因此覺得無聊、無趣。到底這樣的晤談需要繼續進行、做轉介或直接喊卡？阻礙諮商深度的因素有許多，包括諮商師本身訓練的紮實程度、願不願意冒險或挑戰、有沒有適當的核心理念為背景、對於人類發展等基本概念是否缺乏，或是諮商師本身急於要協助當事人到某種程度、擔心自己無法協助當事人、對其關切的議題缺乏深刻知識與了解、對當事人了解不足或同理有限等，都可能妨礙治療的進行與深入程度，而諮商師的經驗值、願意探索而不過度焦慮或害怕、隨時與及時充實自己或願意放手讓當事人帶領等，也都可以慢慢克服，只是治療深度如何，只有諮商師自己知道。

要新手諮商師放手會有點難度。一來或許督導希望他／她接個連續個案，二來要滿足實習時數，三來會擔心自己若晤談次數太少是不是表示自己不行、無法協助當事人深入討論或解決問題。新手諮商師若需要「證明」什麼，這樣的需求可能就會忽略或漠視了當事人福祉。實習生可以告訴自己：「無論如何就只能陪當事人走一段路，而

在這段陪伴過程中彼此都有成長就夠了。」

5-20 結束治療

　　許多實習生留不住當事人，或者是雖然可以留住當事人，但是無法深入治療，一直跟當事人在原地打轉，又或者是不知何時可以讓治療暫時告一段落，讓當事人試著獨自行走看看。因此，何時該結束治療而又不背棄當事人，就需要明智的判斷力。

　　要結束治療關係是很重要的一個過程，有些機構或學校因為資源有限，希望可以服務更多當事人，因此對於諮商服務次數設有限制，如六到十次不等，若需要延長次數，則另有規定。治療最終都還是要結束，許多諮商學派對於結束動作都非常謹慎。因為結束是人生常態，治療結束表示當事人新的旅程開始，因此「善終」或「好好結束」對諮商師與當事人而言都是很重要的。

　　諮商結束之後，機構或諮商師通常會有追蹤評估的動作，了解當事人對於服務的滿意度如何，以及對當事人的幫助程度，未來有需要還是可以使用諮商服務。結束動作不是在最後一次諮商晤談時完成，而是每一次的諮商都要好好開始、好好結束，也就是「善始善終」，才不容易留下「未竟事宜」或遺憾，對諮商師與當事人兩方都非常重要，一般人也是如此。即便有時候當事人在某次諮商時臨時說要結束治療，最好也挪一段時間（如十分鐘）來做完整結束，這樣子才不會

過於草率。此外，即便只有一次機會與當事人晤談，也要留下一小段時間與當事人將此次晤談做摘要回顧、總結，讓當事人這一次的諮商經驗很完整，並爲未來的諮商機會鋪路。

　　許多當事人在進入諮商時，多多少少心裡都有盤算大概需要做多少次就可以結束（Hackney & Cormier, 2009, p. 157）。絕大多數提供諮商的機構也會有次數的限制以節省資源，私人機構可能不在此限，但是爲了當事人的福祉著想，不想讓當事人形成依賴或是耗費不必要的資源，諮商還是會有結束的時候。

　　諮商結束受到許多因素影響，最常發生的情況就是當事人自己要結束諮商，或是不願意持續諮商，而當事人若遷離此地或是死亡，當然也就結束治療。諮商師若評估當事人已經恢復良好功能，就應該結束諮商，此外治療師本身的因素，像是離開機構或本地、諮商師死亡，或是諮商師能力不足轉介當事人至其他心理機構，也都需要結束諮商。

　　除了當事人主動要結束治療關係，諮商師與當事人在結束諮商時，最好檢視以下幾項：解決終止諮商相關議題（如失落經驗、未來方向），探討當事人結合學習與改變的方式，找出維持改變可能遭遇的困難或阻礙（預防復發），評估治療結果、關係與過程。Hackney 與 Cormier（2009, pp. 10-12）提及諮商結束的幾個指標，它們是：當事人開始從不同的脈絡看問題或議題、對於問題或議題有更多適當的了解、對於舊的議題有新的反應，以及學習到該如何去發展有效的

關係；或是當事人報告其感受與進步、諮商師觀察當事人的進步、當事人生命中的重要他人的回饋或有證據顯示已達當初設定的目標，就可以結束治療（Nelson-Jones, 2005, p. 252）。

當然諮商師在慢慢看到當事人的進步，以及當事人已經將在諮商中所學的應用在生活中，而且感覺有效，甚至檢視當初進入諮商的目的已達時，就可以跟當事人討論諮商結束的可能性。當然在正式諮商結束前，必須要把一些曾經提過、但未解決的未竟事宜做一些處理，彼此對於結束治療關係的情緒或感受也適當表達出來，很重要的是：要協助當事人練習——倘若情況復發時——應該如何處理或者是繼續尋求諮商的幫助，同時也要提醒當事人在改變過程中會遭遇到許多的抗拒跟阻撓，而這些情況應該如何因應？最後要給當事人相當的支持與肯定（賦能），相信他／她有能力面對與解決面臨的問題。此外，實習生有時候能力不足、對當事人不能提供有效協助，也需要做轉介動作、結束治療；若機構內有資源就轉介給其他諮商師，或是機構外的協助機制。若是轉介給身心科醫師做評估與藥物治療，諮商師這邊還是要持續協助與追蹤評估，不能就此放手不管。

結束一段治療就是結束一段關係，因此當事人與諮商師都會有抗拒結束的表現。當事人對治療關係結束的抗拒表現有：不出現、遲到、延長晤談時間、對諮商師發脾氣或態度大不同、想要在治療時段外發展其他關係，以及突然要求諮商師給予更多或繼續協助等等。當然諮商師本身也會對治療結束有抗拒，包括（邱珍琬，2007，

p. 375）：表示一個重要關係的結束，結束會引起諮商師未能有效協助當事人的焦慮或罪惡感，諮商師之自我概念受到當事人憤而離開的威脅，結束意味著一個學習經驗的結束，結束意味著諮商師一個有趣的冒險結束，結束意味著諮商師生命中有過的分離景象之重現，以及結束也可能引發諮商師對於自我個體存在的衝突（如「人都是孤單的」）。

　　有些機構（公私立機構都有）是在計畫進行中給予當事人免費治療，但是在計畫結束後沒有經費持續提供情況下，為了避免落入「拋棄」當事人的口實，不敢結束治療，而是將案子派給實習生繼續接案，這樣的做法違背當事人福祉，需要審慎評估。

第六部分

督導關係

　　決定臨床能力的主要因素為督導時數與不同督導（Bradley & Olsen, 1980, cited in Bernard & Goodyear, 1998, p. 3），直到目前這還是真理。就如同實習教師跟隨資深教師、實習醫師與資深醫師一樣，實習時數越多、跟隨不同督導，都可以讓自己更有能力。諮商實習生踏出校門，開始獨當一面的實務工作（特別是碩三實習），不僅從督導那裡可以獲得臨床的智慧與策略，還可以直接在當事人身上練習自己擁有的知能，自然是諮商師專業發展與專業自信的重要踏腳石。諮商實習生進入實習課程，自然與督導有密切互動，不管是在校或駐地督導，都是專業的觀察、訓練、諮詢與守門人，也是實習生邁向專業生涯的重要貴人，因此本節要特別就督導關係做探討。實習生在實習機構不僅有機會將自己所學應用在臨床工作上、檢視自己的生涯目標，而且可以有最多元的學習；學習不是只有督導可以提供的而已，還有與機構人員的相處、了解資源的連結與運用、機構的運作、危機處理步驟等等，學習也不是不請自來，而是要學習者願意主動爭取機會，並常做自我反思（喬虹，2018）。

一、不同督導的職責

臨床督導的目的為：維持一個安全品質的心理專業服務，以保障個案和消費者的健康、幸福與權益（林家興，2009, p. 104）。基本上，實習生有兩位督導（實習機構的「駐地督導」與課程學習的「在校督導」），而兩位督導都希望看見實習生的進步，碩三實習督導更想讓實習生可以有獨立作業的能力，因為即將要邁入實際執業之路。由於督導對實習生有評估、教導與監督的任務，因此實習生很擔心自己與督導的關係，一來想要自督導處學習到更多的實務經驗、智慧與改進之道，但同時又擔心督導對自己的看法及評估，因此也考驗著實習生對督導的誠實程度與相處實際。

駐地督導又分為幾類，有些是分為「行政」以及「專業」督導，機構或學校若人力充裕，有些機構還會細分成「行政督導」、「個別督導」以及「團體督導」；當然也有行政與專業督導是同一人者，這樣在職務、角色與要求上會有不同，容易有較多衝突。許多學生認為只要跟專業督導的關係好就可以，但是事實上行政督導可能擔任了個案管理的工作，會要求實習生在待人接物上的適當舉止，以及行政、文書記錄工作的指導，有些行政督導還會注意到學生的遲到早退問題，這其實跟服務態度是有關係的。

以前駐地督導部分只有專業的督導，而實習學生與駐地督導的關係亦較深厚，但是現在許多機構還提供行政督導，行政督導可以協助

的包括派案、時間安排、紀錄存取、必要設施或資源的協助等，也是實習生的重要導師。有些準諮商師或許在未來會自己成立工作室或心理所，在輔導行政上的能力就更爲重要。諮商師接案不要超出自己能力與體能所能負荷的量，同時在接案之間也需要有適度的休息與調配，非必要不要連續接案，這些安排都與行政督導有關。學生未來想要自行開業或與人合夥開業，也都需要了解輔導諮商行政的一些內容及運作情況，還包括財務收支、費用拆帳等等。

二、怎樣是好督導？

有能力的督導特質（Rodalfa, 2001, cited in Nagy, 2011, p. 223）是：對於在臨床或是督導場域發生的事情承擔起責任，與受督者發展出共同的目標，能夠教導心理治療的藝術、也能夠增進受督者的創意，善解人意、不具批判性，在支持與挑戰之間維持適當平衡，鼓勵受督者揭露感受與思考，自我揭露，有能力經營親密關係以及想像力，尊重受督者的自主性，能夠意識到督導者與受督者之間的個人差異（包括忍受理論取向的不同，以及覺察、了解也重視性別差異與多元文化議題）。相對地，有問題的督導是：缺乏專業知識和能力、威權取向、自我懷疑、過度主動或被動、未能傾聽與溝通、對期待不清楚或模糊、只聚焦在內容上（而不是在過程或者治療關係上）、不信任、忍受督導與受督者之間的負面情緒而不談、有人格上的衝突或是與受督者敵對、容易侵犯界限、自我揭露太多、給予受督

者不適當的禮物、與受督者有不適當的碰觸或擁抱、對於受督者的私人生活過於好奇或探問、鼓勵受督者踰越正常的界限（甚至將督導關係轉換成個人治療），這些都是不適當的（Rodalfa, 2011, 2001, as cited in Nagy, 2011, p. 225）。若擔心自己與被分派的督導或有不合，不妨在正式實習前先與督導見面（或擬定督導契約），充分討論與了解督導所關注的議題或環節、如何合作等事項，讓自己可以更清楚未來要如何善用督導時間、經營督導關係。

在實際情況下，許多實習生無法選擇自己想要的督導，像是機構會安排督導給實習生，或是機構只有一位督導願意承擔督導的責任；有些機構則是讓同一位督導負責兩位以上實習生，造成心力、時間與責任上的負擔過重；有些機構甚至不提供督導，要實習生自己另聘督導協助。雖然有些實習生會為了增強自己的專業效能，另外聘請自己想要的學派或專長的督導，但是也有學生因為經濟因素（如每小時的督導需要自掏腰包花費二千元），只好勉強接受機構安排的督導。實習生的督導若是在機構服務的全職諮商師，自然較無問題，怕的是該機構所分派的督導是兼職諮商師，在機構有個案時才出現，實習生若有任何問題、無法獲得立即諮詢或協助，加上兼職諮商師對於該機構的文化不嫻熟，有時候實習生遭遇到與機構之間的問題，兼職諮商師恐怕也無力協助或置喙，可能會讓實習生的處境更艱難。

三、督導方式與可能遭遇的問題

1. 督導方式

　　督導進行的方式有許多，像是口頭或個案報告（或紀錄）、講解、逐字稿或過程記錄、錄音或錄影、單面鏡或錄影實況觀察、直接參與觀察、示範或角色扮演等來進行，端賴不同督導的習慣與要求。督導時間可以用來討論與探索諮商關係的動力，了解個案型態與提升自我覺察，學習倫理判斷、關係建立、評量、介入、技巧等，也讓受督者獲得情緒支持，同時從督導關係中學習督導風格、經驗與覺察（鄭麗芬，2019, p. 7）。許多督導會以實習生所提的案例或問題為主要督導內容，有些則會著重受督實習生個人內在的動力與自我議題，然而督導與受督者的「適配性」是很重要的，攸關接下來長久的督導關係。

2. 督導關係

　　督導基本上是為了要提升實習生的專業，當然與實習生之間的「適配」很重要（尤其是專業督導），包括人際風格、督導架構與實習生需求，督導也需要提醒與留意實習生可能的倫理議題，再則，督導要配合實習生的發展程度，提供必要的支持與挑戰（Harvey & Struzziero, 2008, p. 22）。督導對於實習生所服務的對象以及受督實習生負有責任，實習生的一切作為督導也都負有連帶責任。一般說

來，督導除了有專業助人的知識、督導知能外，還需要了解機構或系統的文化與運作方式。有些實習生選擇私人心理診所實習，但是督導是外聘的（也就是不在機構內服務），萬一實習生因為服務項目時數不足，需要被派到附近學校或機構工作，倘若其督導也不熟悉學校或機構環境、文化與服務對象，這位實習生必然會遭遇到許多困難！

督導的角色有教師、角色典範、諮詢者、評分者或諮商師，通常不太會擔任諮商師的角色，頂多是會發現受督者可能有情緒或個人議題需要處理，會先做初步的提點與關切，但是基本上不會進入諮商的關係，因為這樣容易模糊角色界限與焦點，損及督導效能。不管是實習生的在校或駐地督導提點實習生做自我整理，受督者都應該正視這個問題，表示督導發現個人議題已經嚴重影響到當事人的權益或實習生的專業。有些實習生會將這些建議個人化——認為是督導對實習生的成見，雖然有時候是真的，但筆者相信絕大部分的督導是為了實習生好，才會提出這些建議。實習生不一定要去做個人治療，但至少要找時間梳理自己，有專業人員協助會更快。

倘若督導時間不夠、督導的回饋不適當（如回饋不明確或太過理論、缺乏回饋——過度挑剔且受督者未獲肯定，以及回饋不足——如過度正向、受督者未獲刺激與成長）、理論取向不同或缺乏彈性、受督者質疑督導的建議或認為執行困難、督導關係失功能（如不尊重、界限不清、未邀請受督者分享自己觀點、受督者認為浪費了督導的時間（Gazzada & Therianlt, 2007；引自鄭麗芬，2019, p. 8），以及

督導欠缺敏感度等（鄭麗芬，2019, p. 8），都可能造成督導關係不良、衝突甚至關係破裂，對督導與受督者都不是好消息。許多諮商師後來擔任督導工作，都是沿襲過去督導的模式，即便受過督導課程訓練，也會從以往的督導身上所學習的，複製到擔任督導的實務上，很重要的是：提醒自己不要重蹈以前自己不喜歡的督導方式，而將改良後的督導優勢展現出來。有些實習生自信不足，或是懾於督導權威，總是將督導的建議全盤接收，或者有些實習生不相信督導、自視甚高，不將督導的建議當一回事，甚至抗拒，這些也都可能造成實習生在臨床實務與專業發展上的問題。

實習諮商師在督導關係中重視了解、尊重與成長，督導則是強調以契約爲基礎的督導關係，具備溫暖、支持與結構性；實習諮商師希望督導具有反思能力與豐富的專業知能，督導則是期許自己具有開放學習態度及持續內在自我耕耘；實習諮商師期待持續獲取新知來解決諮商困境，督導認爲實習諮商師需要有基本專業素養、高挫折忍受力；實習諮商師與督導都重視支持、分享與諮詢的督導功能，也認爲實習機構應提供安全舒適的工作環境、多授權少干涉、多專業少行政、多服務少利益等考量，並遵守專業倫理，唯實習諮商師期待在督導過程中可以多一些建議與示範，重視諮商技巧及個案概念化，而督導則強調檢核與評量，隨著督導歷程與實習諮商師的需求而有不同任務（連廷嘉、徐西森，2003）。

督導關係不良，不僅會讓受督者隱藏重要訊息而不說，也會增加

羞愧感，而督導本身的特質、督導經驗、動機以及領導技巧也都會影響其督導關係與成效（Harvey & Struzziero, 2008, p. 61）。督導關係最容易引發倫理議題的部分為：權力差異、類似治療的性質，以及角色衝突（牛格正、王智弘，2008, pp. 269-270）。因此，最好的做法是在選擇督導之前，彼此有一番誠實對話，並且簽訂督導契約，明白督導與受督者的責任與任務，倘若中間出現問題，要儘量協商討論、讓事情有最好的解決。

督導關係結束也是很重要的議題，彼此不希望帶著未竟事務離開，就如同諮商關係一樣，需要好好開始、好好結束。駐地督導在繳交督導評量表前，最好能夠與受督的實習生一起討論實習項目的各項結果，將實習生的優勢、可以補足的部分、可資利用的相關資源以及限制，也都一項項誠實討論。受督者儘管接受評估，但是這樣的平權關係與討論，可以讓受督者更清楚自己未來努力的方向，甚至做進一步生涯決定的考量（是否繼續往諮商專業走）。在結束督導關係時，督導亦可以摘述受督者的進步、實習生或許需要的額外訓練與督導，以及鼓勵實習生將所學運用到其他適當場域、解決個人議題等（Mead, 1990, Todd, 1997, cited in Harvey & Struzziero, 2008, p. 60）。

3. 受督實習生的擔心

受督者在權力位階與專業程度上較為弱勢，自然會有許多擔心，

Liddle（1986，引自Pearson, 2000）提到實習生擔心被評估、表現情況，督導功能與方式、督導關係與時間等的磨合等（卓紋君、黃進南，2003）；許韶玲（2004）從現象學角度來看實習生的觀點，探索實習生在接受督導時「隱而未說明」的情況為何，她發現實習諮商師在督導過程中的焦慮與防衛最常見，不敢在督導面前道出的有疑問、情緒、對督導之評價（或感受）、需求或期待、體會與收穫、個人問題與狀況、遭遇的困難，以及與個案有關的資料（pp. 114-116），其內涵則以「與督導的互動」相關的資訊不談的最多，可能礙於督導者為評分者與專家（權力）的角色；也有研究發現實習諮商師對於督導部分反而沒有什麼特別的焦慮（Jordan & Kelly, 2004），這樣的心態是好是壞不可定論，唯賴受督者自己的動機、期待，以及願意努力的為何。

　　受督者容易因為以下情況而讓自己的專業發展或生涯受損（Worthington, Tan, & Poulin, 2002, cited in Harvey & Struzziero, 2008, pp. 148-149）：故意對督導隱瞞影響其臨床實務上的重要訊息，不願意就危險案例諮詢，未能針對適當決定或處置維持正確完整的文件記錄，未能揭露不足知識或技巧、造成督導不能提供適當支持與指導，未能向當事人或其監護人說明自己正在受訓或受督，未對當事人揭露其個人可能的偏見（如宗教、種族或性傾向），使用不適當的方式來因應督導衝突（如被動攻擊或不願意遵從指導），違反政策或規定（如誇大與當事人晤談時間、未按時繳交紀錄），以及忽略督

導要求的專業發展活動（如閱讀、參加訓練課程）。要記得：實習機構是自己生涯發展的第一個起始點，你／妳的許多表現與專業聲望都從這裡開始。

4. 督導把關職責

不管是在校或駐地督導，在學生實習過程中都不斷觀察、提醒、給予補充訓練，若發現學生的進步不多，或是能力落差極大，可能會傷害當事人或損及其服務品質時，就有必要讓實習生重修，也明白警示，而不需要等到期末做最後評估時才提出。雖然許多督導都冒著被指責或討厭的危險，但是因為職責所在、不得不然！然而提前告知實習學生這樣的結果，就是提早破壞了督導關係，有學生不僅不接受這些批評及改進意見，態度上還變得十分惡劣，這等於是自己拿石頭砸腳，率先毀掉了自己的專業生涯與聲名。

當然極少數督導有自己本身的個性與議題，有些督導忙到不行還是接了督導工作，或者有些督導只做個督、沒有團督（或者相反），還有些督導不是固定每週一次與實習生有督導時間，而是久久才一次，還有督導根本沒花時間聽實習生報告當事人的情況或受督者的問題，就擅自下指令，這些瑣碎事件也是評估督導好壞的一些跡象。學生若有疑問就要讓在校督導了解，看有無改進或修正之可能性。當然系所也會對未來合作之可能性做評估，最簡單的方式就是學生會口耳相傳，這樣的督導讓人避之唯恐不及。督導當然也有自己的喜惡，但

是相信絕大部分的督導還是願意無私做經驗與智慧傳承、延續專業的
聲望，有更多是擔任無償督導或回饋社會者，這些督導都是提升諮商
專業與品質的關鍵元素。

　　因為督導要為當事人負責，又兼負對受督者的連帶責任，還有為
專業把關之責，因此也要特別留意受督者可能的專業與法律問題。倘
若督導不想當「壞人」，即便實習生的專業能力不足，可能危害未來
當事人，卻沒有與課程督導（系所教師）聯繫討論，甚至高抬貴手讓
學生通過實習，這也違反了專業的把關角色。督導會提早讓受督者知
道自己哪些方面不足，或讓受督者有機會補足這方面的能力，但是若
受督者進步情況有限，甚至不理會督導的建議，由於督導也要為當事
人負責，因此若實習生的服務有問題，督導有責任與義務當掉實習
生，讓實習生重新實習，有機會修復錯誤。

　　由於碩三全職實習是最重要的訓練階段，況且實習生就像正式上
班那樣工作，所以駐地督導與實習生的接觸最多、也最完整，可以看
到實習生表現的全貌。若駐地督導認為實習生需要重修實習課程，或
認為實習生還不能獨立作業通過實習，基本上在校的課程督導都會尊
重其意見，當然在做出最後決定之前，都會與駐地督導充分討論。有
些駐地督導會提前警告學生可能會不及格，同時也會提供學生補救的
方式，但是也有實習生不在意或故意忽略這些訊息，導致最後不及格
的命運，還有實習生知道自己可能不及格之後，反而態度消極、提前
放棄實習應有的作為，等於是自掘墳墓。

　　另一方面，在校督導負責課程與一些團體督導的部分，學生與在校督導每週（或全職實習是隔週）見一次面，平常較少時間碰面或有機會討論實務，然而在校督導與駐地督導一樣，也負責守門人的把關工作——讓實習學生可以在知能上準備充分、提供當事人合於標準的服務、慢慢走上專業的生涯之路，這才是符合專業倫理的做法。有些在校督導不一定延續實務上的工作，所謂「若無經常的實務磨練會讓自己生鏽」，這樣的督導對於實習生而言未必是好事，因此實習生在上課程督導的課時，不妨多利用團體督導與同儕分享討論，可以少受已與臨床實務脫節的課程督導之可能負面影響。

良好督導特質（Hawkins & Shohet, 2000/2003, p. 59）

· 彈性（靈活遊走於理論概念、運用不同介入方式之間）。
· 多元觀點（從不同角度看同一件事）。
· 熟知並靈活運用他們所督導的領域。
· 有泛文化工作的能力（與少數族群工作的敏感度與覺察力）。
· 管理和包容焦慮的能力。
· 學習的開放度。
· 對廣泛情境議題的敏感度（治療與督導歷程二者可能造成的衝突）。
· 反壓迫的訓練（恰當掌握權力）。
· 幽默、謙遜與耐心。

對實習生有幫助的督導者特質（Corey, Haynes, Moulton, & Muratori, 2010, as cited in Corey & Corey, 2011/2013, pp. 374-375）

・關注臨床、法律及倫理議題。
・具備良好的臨床工作技巧。
・在行為上展現對人的同理、尊重、真誠及傾聽。
・建立具接納的督導氛圍。
・以信任及尊重的態度建立督導關係。
・確認受督者的專業發展程度及思考，提供對
　受督者來說最有幫助的督導方式上是具有彈性的。
・具備幽默感。
・設立清楚的界限。
・鼓勵受督者適時地挑戰自我。
・認同合作性的督導歷程。
・尊重受督者在督導時所提供的知識。
・欣賞每位受督者的差異，以及對理論不同的看法。
・具開放、易親近及支持的特質。
・對於訓練及督導具有強烈的興趣。
・敏感於受督者的焦慮及脆弱。
・視督導時間為「保護受督者」的時間。
・提供真誠及有建設性的回饋。

心靈小站

對於準諮商師的訓練，在校與駐地督導都負有把關守門人的責任。對於學習諮商專業的學生，最好結合形成性與總結性評估的方式，不僅可以看見學生隨著時間漸漸成長的能力，同時也目睹學生必備知能俱足與否。

督導方式（不限於此）

・受督導的自我陳述或報告。

・錄音或錄影。

・晤談逐字稿與反思。

・受督者的臨床或反思筆記。

・實境或現場督導。

・透過監視器的現場督導。

・個案報告。

・角色扮演或案例演練。

・參與觀察。

四、督導契約與模式

　　國內一般實習生在進行諮商實習時，通常只與機構簽訂實習契約，卻少有督導契約的簽訂。督導契約的內容通常會有：每週實習時數、實習內容、學習目標、專業訓練的安排、對受督者角色的期待、對督導角色的期待、督導進行的次數與頻率、督導的時間以及方式、督導和受督者應如何為每次的督導做準備的規定（Corey & Corey, 2011/2013, p. 371）。受督者可以在正式實習未開始之前，與未來的督導先見面做討論，了解督導的督導風格、要求，以及接下來每次督導會以怎樣的方式與程序進行，而很重要的是——督導對於受督者有何要求。

　　許多實習生會找自己喜歡學派的督導來協助，雖然在定義問題或

策略上會較一致，但是也少了一個觀看事情或問題的不同角度；但是若督導所抱持的學派與受督者極為不同時，對當事人問題的看法或有歧異，受督者還是有說明與解釋的空間，這就需要靠督導關係來決定。有些督導會從不同的督導理論與模式來做督導，有些督導則是以自己的諮商取向來做督導，而更有些督導會以自己原本被督導的方式來進行督導。督導者若以自己的諮商取向來進行督導，有時候會跟受督者的諮商取向衝突或有扞格，因此最好還是可以選擇用自己較擅長的督導模式來進行。從不同的諮商取向來做督導，有時候還會流於諮商而非督導。

　　許多督導是站在不同的角度和面向來協助受督者，有些督導比較任務取向，也就是會協助受督者解決所提出的問題，還有些督導會比較關切受督者本身的情緒或者是個人議題，此外也有督導會針對受督者不足的部分做提醒與補強，但是要特別注意：督導本身即便是諮商師，但是在其督導工作時，諮商師的角色會變得比較邊緣一點或重量較輕，而受督者也不能期待督導與自己進行諮商晤談。倘若受督者有個人議題需要整理，通常督導會建議受督者自己去做一些整理的動作，或者是找治療師協談。儘管督導也需要為當事人負責，但其主要服務對象是受督的實習生或諮商師。

心靈小站
督導在督導過程中扮演許多角色，因此有責任管理自己的多重角色，以及這些角色與受督者的關係（Corey & Corey, 2011/2013, p. 380）

6-1 如何從督導經驗中獲益

　　實習生最幸福的是有督導在旁邊協助，減少了許多焦慮與恐懼，但是因為自己是實習生，同時也處於被評估、觀察與檢視的立場，擔心自己的表現或是與督導之間的關係，這也是壓力源。我們通常會建議實習生在與督導初次見面時，最好與督導（們）討論你對督導與實習的期待（訂立督導契約）、了解督導進行的架構，同時積極、主動參與督導過程，在督導時間之前就準備好相關資料（如逐字稿、錄影帶或個案紀錄等）與待問問題，並提早抵達督導地點。

　　督導時間不是用來討論個案而已，而是牽涉其中的督導、受督者、當事人、諮商關係、督導關係的重要議題。如何在督導經驗中獲益？Corey 與 Corey（2011/2013, pp. 365-368）建議：（一）接受多元的督導來源──不要僅以自己的專業和行政督導為唯一諮詢來源，許多有關機構內文化與運作，還是可以請教裡面的老師、同儕、同事，甚至是當事人的回饋，都是很好的督導來源；（二）即便犯錯也是學習的一個機會──人難免犯錯，實習諮商師當然也有犯錯的權

利，但要願意從犯錯中學習，並及時做適當修補；（三）面對挑戰和自我懷疑——「不知道」是沒有關係的，將自己定位在「學習者」的立場，就不會有太大的焦慮，每一位當事人都是讓我們學習的導師，願意就當事人關切的議題做深入了解、閱讀相關研究與書籍，並請教資深諮商師，就會隨著臨床經驗的增加而長自信；（四）表達內在的想法、傾聽他人的想法時也找出自己的想法——這就是重要的人際學習，也願意表達自己的觀點；（五）督導的焦點——雖然不同的督導有其獨特的督導模式或型態，但全面性的督導應強調當事人、受督者與身為人的內在動力，並檢視準諮商師是否與當事人同在的程度，也就是會聚焦在實習生與當事人的關係品質；（六）善用你的督導時間——在每次進行督導時間之前，都要做足準備（包含哪個案例的討論、自己處理的方式、有所質疑之處，以及想問的問題），儘可能誠實、開放地表達自己的想法，因為通常受督者要問問題、督導才清楚受督者的需求為何，然而受督者或許會忌憚於督導是「評分者」的角色，擔心自己表現得「不夠好」，因此常常是有選擇性地問問題；另外筆者增加一項（七）有要求的督導就是好督導——認真的督導希望能夠做到專業傳承，因此不會「留一手」；有些督導會另外要求實習生做作業（像是謄寫晤談逐字稿、反思日誌或是要錄影討論），其初心與用意都是要協助實習生更往專業之路邁進，但是現在許多實習生抱持著「多一事不如少一事」的心態，自然也壓縮了其學習的範疇與深度。

　　有些督導是機構委派，因此其費用可能由機構吸收，但是有些機構沒有適當的督導，因此實習生必須自己出錢外聘督導；有些督導很願意擔任督導工作、提拔後進，但是有些督導可能是被委派，自身工作分量就很繁重，因此動機不是很強，也較爲被動。Corey 與 Corey（2011/2013, p. 371）也提醒實習生，不要將督導神格化，督導也是人，也有情緒，或者督導本身並未接受適當的督導訓練，因此實習生與督導在簽訂契約之時，能夠將彼此的期待、督導方式與時段做清楚溝通很重要。

　　督導對於不同發展階段的受督者，其督導方式與內容就有不同。對新手諮商師（如兼職實習生）而言，督導最好能夠採用催化（鼓勵）、描述性的建議，或者是觀念性的討論，將理論放到診斷以及介入處置之中。初學者的自陳報告通常是不正確的，因爲他們對於決定什麼應該報告有困難，而且會無意識地將重要的素材給漏掉，而有時候則會刻意漏掉重要的資訊，讓自己看起來很不錯。對於更進階的初學者來說（如碩三實習），督導應該能夠提供他／她一些可認出的模式（如人際、介入方式）的指導，而且協助受督者形成行動的原則。對有能力的受督者來說，督導應該鼓勵他／她能夠自己決定督導時間該做些什麼，此時的督導會聚焦在對受督者認爲比較有挑戰性的案例討論上，協助受督者發展特殊的知識，並讓受督者將所學整合在複雜機構的脈絡中。即便是資深諮商師或專家，也可持續在督導經驗中受益，而對於專家級的受督者，可以運用催化、面質、概念化或宣洩等

介入方式，持續使用直接觀察（錄影或現場）的督導，可以協助受督者保持其主觀性、處理抗拒、因應選擇適當的倡導方式，也持續讓其技巧更精進，而在個案的部分可以採用合作式的分析（Harvey & Struzziero, 2008, pp. 41-42）。實習生對於有關爲當事人或弱勢族群倡議的部分較缺乏意識或體驗，有時候督導會看到更大脈絡系統的影響，也可協助實習生連結資源、發揮更大的功能，並持續爲當事人與相關族群之福祉倡議與做改變之努力；不少有社會公義意識與行動的督導，通常可以引領實習生成爲下一個改變的能動者。

實習生對於督導的建議或意見，不一定要全盤接收，而是需要與督導有討論空間，可以隨時詢問督導理由或提出自己的想法與考量，因此不需要侷限於約定的督導時間。基本上督導不會隨便給予建議，而是聽完受督者的陳述之後，接著會詢問受督者需要什麼樣的協助，這也特別提醒實習生督導關係的重要性。

儘管督導可以協助受督的實習生在諮商技巧上的熟練與精進，或是個案概念化技巧，以及強化實習生的個人覺察與反思，但是絕大多數的初次實習生還是會將焦點放在技巧增能的部分。隨著實習生漸漸成熟與進步，就會將焦點朝向個案概念化與個人議題及成長的部分。

Corey及Corey（2011/2013, p. 370）建議實習生善用督導時間：對接受督導的目的有大概的了解；了解不同督導會以不同方式來達到督導目的；接受自己在督導過程中的焦慮是正常的；和督導釐清督導合約的所有事項（包括督導內容）；接受督導時儘可能誠實與開

放；如果不能選擇自己的督導，就儘量從指派給你的督導風格架構中來學習；釐清你自己最需要及最希望從督導當中獲得什麼，也讓你的督導知道你的需求；花時間做督導前的準備（如確認你想探討的問題以及你想要與督導討論的案例）等。

督導基本上是以尊重、接納與信任的態度提攜後進或提供不同的專業意見，通常會持續給予回饋、支持、正常化受督者的不適任感受。雖然受督者希望經由督導的協助增進自己的專業素養與態度，然而畢竟面對的是一位評分者與監督者，會擔心自己被評價、導正與指責，而「自我保護」也是正常的，然而若只擔心自己受評，希望給予督導好印象，反而浪費了督導真正的意涵與目的。不良的督導關係會增加羞恥感，也會讓受督者更加隱藏重要資訊（Harvey & Struzziero, 2008, p. 59），督導本身也會認為自己能夠協助的不多。因此受督者需要考量的是：如何讓自己在督導過程中切實受益，維持擔心被批評與精進專業之間的平衡。實習生他日也會成為一位督導者，自身受督經驗也可能會影響自己未來的督導風格與作為，不妨將實習時的受督經驗當作一個重要的敲門磚與學習機會。實習生願意學習的謙虛與積極態度，藉由督導的指引與協助讓自己知能更淬鍊，同時與督導建立專業網路的合作關係，才是讓自己在實習過程與未來生涯發展最重要的關鍵。

6-2 參與團體督導

通常在個別督導中，實習生只能夠從一位督導者的觀點看到另一種可能性，較缺乏多元視框的注入，雖然受督者可以享受全然的關注與注意，但是缺乏較多元的角度與議題，如同個別諮商（個諮）與團體諮商（團諮）各有其利弊一般，團體督導可以補足個別督導的短處，而且同儕間彼此互相的人際學習往往最具說服力且有效。以團諮的療癒因子來說，實習生會發現自己擔心的議題非自己獨有（普同感），因此衍生出希望感，也藉由不同案例、資訊與建議的分享，可以讓自己為未來可能面臨的個案或議題稍做準備，甚至看見自己需要去處理的移情議題或未竟事務，或許可以做修正與改變，當然也可以有情緒宣洩的管道，因為彼此可以用共同的語言互動、溝通較無障礙，另外彼此支持、學習，也凝聚了「我同感」（togetherness）與歸屬感。

團體督導若時間有限，可以用輪流的方式提案討論個案或關切的議題。團體督導可以不同方式進行，共同閱讀或討論、案例研討、角色扮演等不一而足，倘若加上錄音錄影呈現個案的方式，更能做周詳檢視與探討。同一實習機構可能有兼職與全職實習的研究生，若可以固定進行團體督導，對於督導或實習生都是加數，督導可以在同一時段了解學生的實習情況，並以腦力激盪的方式一起試圖解決問題，實習生則是可以同時認識與了解不同議題與當事人狀況、可以協助的方

向與做法，而在課堂上的實習現場討論或個案報告，也是另一種形式的「團體督導」（團督）。然而在參與團體督導時，許多實習生不敢自我揭露太多，因為擔心他人或督導對自己的印象與評價，因此若干實習生反而不敢善用團督時間，此時就適宜用個別督導來補足。基本上團體督導較省時省錢，能提供更多機會來觀察比自己更多經驗或較少經驗的同儕，最主要的是可以提供彼此學習、發展專業支持網路的機會（Harvey & Struzziero, 2008, p. 197）。

團體督導有時候並不能滿足許多實習生的需求（像是時間不夠、能夠提出討論的案例或議題不足），而團體督導可以讓實習生學習更多的同時，當然也會有額外的壓力，像是擔心不同督導對自己能力的評價、同儕比較的眼光，或者是害怕自己承受不住批評，因此不敢提出重要或重大議題。倘若實習生在個別督導時的想法也一樣，不敢真實揭露，其學習自然限縮許多，也等於是為自己專業之路平添障礙。

團體督導的進行方式或模式應該要事先決定（結構式）還是隨意（無結構）？主要還是視機構督導的意見與學生參與的情況而定。許多無結構式的督導會造成若干學生常常提問、少數學生沒有提問的不公平情況，倘若可以預先規劃，讓每一位實習生都有機會提出自己的疑問與做法，較符合公平原則，也讓學生可以更積極學習。團體督導也容易流於只有督導說話或提供意見，實習生噤口不言的情況，督導可以適時教育實習生善用團督、誠實自我揭露的利益，並從他人的經驗中學習，若實習生真的太被動，不妨採用輪流發言或提案的方

式。Hawkins 與Shohet（2000/2003, pp. 182-184）認為團體督導在時間、金錢與專業人士方面較經濟，可提供同儕支持，受督者得到團體成員與督導者提供的回饋及省思，可讓督導藉由檢核其他成員的反應、檢核自己對成員所提內容的情緒或直覺反應，團體督導也提供更寬廣的生活經驗與行動技巧的機會。

參與團體督導的益處（整理自Corey & Corey, 2011/2013, pp. 378-379）

1. 在時間上較有效率。
2. 協助受督者發展個人概念化技巧與運用不同的介入模式。
3. 可以搭配個別督導，甚至替代個別督導。
4. 團體督導利用案例討論的模式或是以錄音／影方式進行，都可能較個別督導更有效率。
5. 可讓受督者增加服務的可信度，提升督導成效。
6. 參與團體督導可從督導與成員身上學習。
7. 團體督導讓受督者了解到面對臨床工作上的焦慮和擔憂，自己並不孤單，也會看到不同助人關係的觀點，同時也從其他學員的議題中學習，幫助自己拓展能力去面對那些未來可能面臨的問題。
8. 有機會參與角色扮演，讓受督者覺察到潛在的反移情議題，並從不同觀點來看待不同的個案。
9. 團體成員的回饋也會提升受督者的自我覺察，甚至一起探索自己的價值觀和態度。

此外，「同儕督導」（peer supervision）也是另一種形式的團體督導，大家的興趣與目的相同，彼此分享一些建議、指導或支持（Kirschenbaum & Glaser, 1978, cited in Harvey & Struzziero,

2008, p. 199），讓專業路上不孤單，而且同儕團體還可以提供一些生活與情緒上的支持。實習生同期進入系所，一起學習很長的一段時間，其實就是同儕督導最好的開始。

6-3 在校課程就是團體督導的一種

兼職實習生每個學期除了固定時間到實習機構去實習之外，還有課程上課的部分，全職實習學生也一樣。許多全職學生是分布在全省各地實習，因此課程教師通常會考量學生的方便而採用兩週上一次課（也就是隔週上六小時課）的方式來進行，減少學生交通上的時間，但是這樣的上課方式也可能令人耗竭。擔任實習課程的教師，通常是針對學生應該補足的知能方面做補充或補強，也藉由個案研討、閱讀與討論、角色扮演或演練等方式進行，其型態就是一種團體督導，通常個案研討與演練是最常使用的方式，然而還要看上課的學生願不願意自動或受邀提出自己想要討論或有疑惑的部分。以往擔任課程督導，上課內容的安排通常是前兩週以閱讀討論或基本知能的補強（學生的準備度）為主，也檢視與討論學生設計好的心理衛生宣導及團體方案，接下來學生開始接案，案例討論的時間就會大幅增加。然而最近一年帶實習課程，一班學生超過二十人，學生的參與不積極，也很少討論自己在實習現場遭遇的案例或是疑問，即便祭出許多酬賞，但是願意提出問題者總是固定的四五位，使得授課教師很懷疑學生到底

在臨床現場做了些什麼？原本期待學生自動提出，後來是用邀約的方式，直到學生提出個案報告的過程，才發現許多學生是準備不足卻又沒有自覺的！是不是也顯示出目前教育的隱憂？

碩三實習課程，許多學校會要學生隔週回來上課一次（大概連續上六個鐘頭）。碩二兼職及碩三的實習課程，其實就是一個很好的團體督導機會。每位實習生在不同的實習機構擔任臨床工作，會將不同的觀察與經驗帶回到學校和同儕分享，碩班的實習課程就是要讓同學可以在一學期或一年之內，聽到不同的案例與處理方式，即便不是自己親自經歷或經手過的案例，也可以藉由「擬似」的替代方式，提早了解並做準備。學校的老師基本上希望學生能夠慢慢養足能力，在實習現場上若碰到一些問題，有些同學或許不方便跟駐地督導談論，但是可以跟在校督導（就是授課老師）及同學分享。老師希望自己的學生能夠在臨床知能上越來越進步，而不是要求完美，因此在校督導通常除了訪視實習機構，最主要的工作就是擔任課程上的團體督導，教師藉由課程大綱的設計與進行，補足實習生的基本功及必要能力，同時也聆聽每位實習學生在現場工作的觀察、發現、學習、經驗與問題，及時做修補或協助，尤其是與專業倫理或法律有關的部分。

訪視實習機構的部分，筆者的做法通常是在學期初去「拜碼頭」，認識督導（也許有些督導是新任的，需要彼此做了解），另外很重要的就是要確定實習機構可以吻合實習手冊內的相關實習時數與項目規定，督導的要求或標準為何，交換一下系裡對於實習運作的一

些規定，並與機構做適當協調。有些機構只接受了實習生，但是督導資格可能有問題，或者是可以提供實習的項目不足（甚至要求學生到機構外接案或做測驗，以滿足時數），這些也都需要先做預防或補救措施（像是學生在私人機構實習，較缺乏心理測驗時數，此時就需要授課教師採取應變措施）。此外，訪視時也請求督導們能夠看到學生的「進步」而不是「要求完美」，絕大部分督導還會注意到實習生的人格與自我議題，都很願意坦誠提醒或告知，不光只是留意專業知能的部分而已！期中則與駐地督導保持聯絡，若發現學生實務能力或其他專業素養不足，還可以提點、提供建議與評估，等到期末的時候，筆者會再做一次拜訪，這次就是有檢視成果的意味了，除了請學生說明自己的學習與進步之外，同時請教駐地督導學生可以具體改進的為何。基本上督導的立場都是希望實習生能夠越來越進步，對於自己的專業知能與自信增加，能夠養成獨立作業的能力，督導不會故意挑剔或批判，大家都是站在協助獎掖後學的立場。當然，每個人都很害怕被評估。駐地督導與在校督導的緊密聯繫，也是必要的，尤其是擔心某些實習生在知能上或個性上的不足時。

實習學生可能較願意在駐地督導面前提問，畢竟駐地督導與學生相處時間較多（在校督導則只是上課時見面）、觀察較多面、督導關係較容易建立，課程督導也許是站在較為威權、評分者立場，指導性較強，所以學生不敢提問。筆者在文中一直強調：我們要看實習生「進步」而不是「完美」，上實習課程就是一種最好的團體督導機

會，不要擔心自己在同儕前面曝露自己的缺點或尚待改進之處，團體督導的好處是可以經由分享自己的實務經驗與想法、借鏡他人經驗、仔細深入討論與分析等方式，讓自己在短期之內有大幅進步。

團體督導的益處（Christensen & Kline, 2000, cited in Corey et al., 2011/2013, p. 444）

・知識與技巧的精進。
・提供安全和支持性環境的實務技巧。
・整合理論與實務。
・豐富自己對各種團體動力的認識。
・檢驗自己的假設。
・藉由與他人互動而達成個人成長。
・由自我揭露得到個人回饋的機會。

心靈小站
團體督導對於個案概念化與問題解決的助益最大，同儕間可以藉由不同案例的了解學習，甚至因此而成立自助團體，成為彼此專業上的支持系統。

6-4 確保實習生品質與效能

不管是諮商師培育機構、在校督導以及駐地督導，對於實習生的實習品質與專業效能都有守門人的倫理專業責任，也就是督導們和教師們在培育諮商師的過程中，負有把關、品質管控的責任，因此兼職

實習與全職實習所要求的品質會越來越高，隨著督導的素質在經過系統訓練以及認證之後、慢慢有效提升，因此對於自己作爲專業守門人的工作應該更具有使命感。

兼職實習應該是一個學期還是兩個學期的課程？每個學校的規定不同。隨著專業督導的觀察與建議，教育現場也會慢慢做一些調整。有些諮商師教育者建議：在學生進入實習現場前，教育（培訓）單位必須要先讓學生「準備好」實習，因此就有類似見習的課程。在見習課程中，除了觀察資深諮商師或者是大師們的現場／臨場表現之外，授課教師也儘量讓學生角色扮演、互相演練，甚至從事義務工作（如到國中小陪伴學生），讓他們在實際的運作中慢慢長能力、也長自信，在這樣的學習內容安排之下，不管是在校督導還是老師，都可以有機會更仔細地檢視學生的準備度，給予較具體的建議與練習，讓他們可以在更周全的準備下，步入實習之路。

若以屏東大學心輔系的情況來說，通常學生在兼職實習（一）之後，在接下來兼職實習（二）時，會比較容易上手，而在兼職實習（一）的時候，一般督導對實習生的要求標準較寬鬆，一旦進入兼職實習（二），基本上會期待學生在接個別諮商、領導團體諮商或初次晤談等技巧上都要熟稔，在基本功紮實的情況下能夠獨立作業，這樣才能夠爲碩三的全職實習做好準備。儘管有些學生在兼職實習（一）與兼職實習（二）的機構不同，但是學生通常在兼職實習（二）時，不管在專業技能與自我認識上進步較快是很正常的，若學生都在同一

機構做兼職實習，其進步情況更是有目共睹，然而有少數學生掙扎於自我議題卻不願意承認其對專業實務上的影響、更遑論進一步做整理或處置，這在面對當事人時最容易失控、卡住，甚至崩潰！有督導指出實習生在技巧與效能上停滯不前，主要是積極度不足、專業認同有誤，再則是不願意謙沖學習的態度，因此還是回歸到自我知識。面對這些不合格的學生，諮商師訓練者與督導當然應該努力協助其做改善與改進，但是千萬不要讓太多個人主觀的同情阻礙了自己的專業判斷，尤其是駐地督導對於學生的觀察更多更深，倘若在具體評估與相關觀察（同儕、學生或在校督導）資料蒐集之後，認為應該要讓學生重修兼職或全職實習，也都應該做出有智慧的決定，不要放學生「出去害人」，畢竟教師與督導們都負有保護當事人、維護與提升其福祉之責任。

　　學生不讀書，或是只讀某些書，也是我們在諮商師培育過程中一個大難題。上一堂課只讀完一本書，的確大大不足（更遑論採用英文教科書）。課堂上是師生有機會充分交流、互相學習的場域，倘若某人看過新的研究或有新的學習，在課堂上分享，可以激發出更多的創意及思想的火花！同學們若組成讀書會，針對不同學派理論或實作讀物一起研讀，收穫也不少，況且大家一起讀書，又可分享心得，閱讀動機會更強！諮商師教育者與駐地督導都戮力要讓後進者準備更充分、確保準諮商師的服務品質，然而這些都是在開頭階段，諮商師要讓自己持續進步，還是得靠自己的積極努力，不管是做研究、固定督

導、自我或同儕督導、參與工作坊或研討會、自我照顧等，都可以讓
自己在專業與個人成長上繼續發光發熱，也為自己的服務品質把關，
這才是當事人之福！

第七部分

專業成長與發展

諮商實習生從進入訓練課程開始，就開啓了自己在諮商專業的生涯路徑。不管是在正式課程中或課程外的學習，都是滋養自己專業與個人成長的重要因素；而專業上的成長或個人的成長，都是彼此影響的。諮商師面對與處理的就是人生過程中的大小事，因此專業與個人生活不可二分，這其實也提醒了諮商師個人的眞誠與一致性。

在諮商師的訓練課程中，筆者通常會先釐清專業與個人是不可二分的，學生持不同看法，認爲專業是自己工作上的表現，與自我無關，因此延伸爲——在專業上（特別是在諮商室中）可以對人親和，而在日常生活中是嚴謹、冷酷的。這對我來說很難調適，畢竟諮商師是透明、前後裡外一致，這樣才能夠展現出眞實與眞誠，也才是治療關係的關鍵。我們一般說諮商就是生活，因爲諮商所主張的觀點也正是諮商師所信仰的生活哲學，倘若諮商師在諮商室內外迥然不同，對於諮商師本身的自我接受也可能會產生問題。我的諮商哲學是：理論是自生活中淬鍊而來，因此在生活中履行理論是應該的，進一步延伸爲「諮商即生活」、「生活即諮商」就說得通了！在講授諮商理論

時，我會請同學做一些實作性的家庭作業，簡單地說就是將理論運用在生活中，或在生活中印證理論。想想看：我們學習諮商卻不相信諮商，或不認爲諮商是我們生活中的一部分，那麼該如何用在當事人身上？即便用了，會不會心虛？

　　許多諮商實習生認爲要讓專業成長就必須多閱讀專業書籍、參加研討會或相關諮商訓練課程，但是因爲諮商師面對的是跟我們一樣在人世間生活的當事人與族群，因此只要是與生活相關的、自己有興趣的，諮商師也都可以去探索與了解。我記得自己在美國博班受訓時的一位督導，騎哈雷、留長髮、獨力撫養五位子女，研讀《莊子》與不明飛行物UFO，他的理由很簡單：「我們處理人世間事，就去多了解人世間。」這句話如醍醐灌頂，讓我對自己的專業有更進一步的認識。像我自己養狗，狗經常常變成我與當事人或是學生可以談論的話題，而許多人生的意義也從此衍生而來！另一方面，我們經常強調：諮商師進修是當事人之福；也就是說，諮商師願意在專業或其他生活面向上做改進或進修，不僅可以拓展自己的視野與觀點，還可以更有效提升給當事人的服務。

　　諮商師要增進自己的專業與個人成長可以：刻意地練習臨床的技術與表現，觀賞大師級的影音、錄影帶（臨床表現），聚焦在正面、好的事情上，繼續教育，加入專業組織，跨學科的好奇心，以及永不止息的學習熱情（Norcross & VandenBos, 2018, pp. 228-232）。諮商是科學也是藝術，Jim Brugental（1987, p. 95）曾說

道：「藝術不是一場比賽，而是持續的成長。」（cited in Norcross & VandenBos, 2018, p. 231），對任何專業來說，何嘗不是如此？

　　本章會針對實習生在實習過程中需要注意與涉獵的相關知能、可能遭遇的問題做簡單介紹。

7-1　實習遭遇的倫理議題

　　儘管在諮商師培訓的課程中有「專業倫理」這一門課，然而單單只是一門課，並不足以讓學生在實際進行臨床工作時有足夠的知能來覺察、面對以及處理倫理的議題。許多實習學生連覺察的敏感度都沒有，甚至有時候還有違法的情況出現（包括偽造文書、剽竊），因此即便是實習課程，在校與駐地督導都需要隨時提點學生有關倫理的議題與實務，同時要求學生誠實以告，要不然常常容易在出錯之後才後知後覺，這樣處理起來會有更大的難度，也可能會有更多人受害。

　　曾經有若干名女學生在實習時遭受督導性騷擾，且在該機構督導官官相護的情況下求助無門，即便培訓的系所也做了相關處理（包括了解事情發生始末、安撫學生的情緒、啟動性平調查小組，最後上陳專業倫理委員會），但是效果不彰，讓學生飽受折騰，甚至身心受創。也有學生被要求影印測驗，或是假冒另外一位作者簽名投稿，甚至是因為機構已無經費、將原先諮商師接的案子轉給實習生，還有一名輔導中心主任利用學生上線所做的測驗資料當作自己撰寫的研究

論文，還要求實習生做資料鍵入的動作，凡此違法或違反專業倫理之事，也都曾發生或正在發生，實習生權位最小，往往會在權力脅迫下成了替罪羔羊！

　　實習生對於專業倫理可能出現的議題較不熟悉，但是至少會有「second thought」——也就是讓自己再想一次，感覺不對勁或是有疑慮，就要趕快提出。倘若是對駐地或在校督導、諮商師或行政人員的疑慮，也可以找機構其他人員、在校教師或法律人諮詢，了解情況並思考下一步行動。實習生在實習期間形同正式執業，對於倫理指導原則（以及社會工作或家族治療的倫理規則）及相關法令／規，最好能夠嫻熟，至少也該將這些資料放在自己隨時可以檢視的地方。當然，不要因為怕違反倫理而框限了自己的作為或不作為，這樣的傷害更大！

不當執業發生的情況（Wheeler & Bertram, 2008, cited in Corey et al., 2011/2013, p. 182）
・使用的程序並不在專業可接受的範圍內。
・使用未經訓練的技巧。
・未使用較佳的助人程序。
・沒有警告可能遭受暴力當事人傷害的第三者。
・未獲得知後同意，或未列入紀錄。
・沒有解釋治療的可能結果。

諮商師因執業不當而面臨的法律問題（Anderson, 1996, Vace & Loesch, 2000, cited in Staton, Benson, Briggs, Cowan, Echterling, , Evans, et al., 2007, p. 99）

1. 做錯誤診斷。
2. 未能適當處理當事人自殺危機。
3. 執業範圍超乎自己能力。
4. 違反保密協定。
5. 未能保護當事人。
6. 承諾治癒當事人。
7. 未能遵循適當的執業標準。
8. 未能提供知後同意。
9. 刻意傷害當事人。

7-2 個人議題與諮商

　　對自我的認識不清，不了解自己的優／劣勢爲何？自己的性格如何？與人相處的模式如何？甚至將「成爲諮商師」當作自己的唯一夢想，但卻沒有考慮到其他的重要條件與因素，所以許多學生是困在「自己」的框框裡、無法踏出這一步。超過二十年在諮商師教育課程擔任教學的經驗，我們發現有些研究生自詡爲自專業科系畢業、有一種莫名的傲慢，甚至瞧不起一起進研究所、背景不是心輔系的同學，而帶著這樣的傲慢，其實很難聽進許多老師的警告或者是建議。我們反而比較喜歡認爲自己不夠、很想努力去補足這些缺失的學生，如果

他們願意謙虛請益，其實資深的諮商師或者老師們，都很願意傾囊以授，將自己所知道的提供出來。在與學生接觸的過程當中，倘若學生願意以開放、積極的學習態度來因應，或許還可以在專業知能與個人成長上做較大的改進，然而有些以自我爲中心的學生，經常將他人的觀察與建議當作是批判或攻擊、不願意聆聽，要進步的幅度就更有限了。

在能力的補足方面，有些學生會對於某些學派的技巧相當著迷，甚至在還沒有了解諮商的許多主要派別與其重要觀點之前，就鎖定了某個或某一兩個特別吸引他們的學派，只是他們對於該學派缺乏通盤的了解，也較少深入做閱讀與研究，僅僅參與幾個入門式的工作坊或是演說，就將自己定位爲這個學派的喜好者，甚至很大膽地將其運用在臨床實務中，這其實有很大的危險性，包括能力不足（也是倫理議題）、認識不清，甚至誤信這些技巧的萬能。

我們其實最擔心的是學生本身對於自我的了解以及自我議題的部分，甚至有些學生將進入研究所視爲「自我療癒」的一部分！雖然學習諮商，第一個受益者通常是學習者本身，但是諮商也教我們如何願意向內看見自己，願意努力成爲一個更好的自己（becoming a better self），然而缺乏自省與反思、經常將他人的批判視爲貶損或傷害自己的，這些人在進入研究所之後，可能會讓自己未解決的議題更惡化，甚至傷害到他／她在實務現場上的表現及當事人。

還有不少學生將自己定位爲未來要成爲的那個「理想」諮商師，

卻沒有仔細看看自己的性格或者是興趣，以及在學習過程中是不是能夠讓自己的知能有所長進，一味地夢想自己即將成為的那個助人專業者，這樣在實際以及理想之間的差距越大，他們能夠努力的只有技術的部分，但是技術沒有核心理念在背後支持，這樣的技術也是空的、容易被誤用，反而會因為使用技術錯誤而造成了傷害當事人的結果。

　　曾經有位學生在實習現場，第一個被看見的就是他的服裝儀容，髮型很特殊、穿著破爛有特色的短褲、跂著一雙拖鞋就去實習。臨行前，在校督導已經事先警告過，進入實習機構前，實習機構的督導也曾經提點過，說他是不是要做一些改變？可是學生回道：「這是我個人的風格！」堅持自我，結果到實習現場，連在機構內的一些教職員工也都好心提醒他，但是學生依然故我。等到快到期末的時候，有一天校長突然出現在輔導室，很驚訝地看到一位不知名人士、穿著拖鞋坐在輔導室一眼就看見的地方，詢問之下知道是實習生，校長幾乎是失聲大叫道「實習生？！」三個字，那位實習生才了解事態嚴重：原來自己的服裝儀容是這麼受到矚目，甚至會影響他人對他的觀感！說這位學生「白目」也好，他自己也嘗到了苦果，然而這當然不是特例，現在年輕一代的學生頗有自己的看法，也很堅持，這樣的鬧劇應該還是會持續發生！另一位學生怯怯弱弱，總是聽命行事、不敢有自己的主張，連接案時也表現出自信不足、害怕犯錯，在校與駐地督導提醒多次，要他勇敢嘗試、增厚自己的實力，但他幾乎不敢有所作為，一直到要做全職實習前才發現自己樣樣缺，就連當初助人的熱忱

都消失殆盡了！

學生進入臨床現場最容易被勾起原生家庭與親密關係的議題、價值觀與堅持或人格上的缺陷，不僅僅是當事人在諮商現場容易展現自己的人際模式，諮商師也一樣，因此明確說來，在諮商場域不是諮商師對當事人單向的協助而已，對諮商師而言也是了解自我、了解人性與世界及協助自己的過程。自我議題從自我覺察而來，包含在治療過程中的反移情。實習生在真正面對當事人之後，也很容易在當事人面前「看到」自己的曾經或過往，或勾起未竟事務，這些都需要靠自我覺察，倘若不願意去碰觸、回顧，甚至刻意忽略，自然阻擋覺察，也就不會有下一步的處理動作。光是有覺察還不足，只是徒增煩惱或干擾而已，得要自己願意去承認、接納與面對，才會有接續之行動產生，也才能夠處理這些揮之不去、一直在生活或心上盤旋的困擾。

心靈小站
治療師反移情的反應包括：未解的個人議題的罪惡感、不正確的解讀當事人的感受、感覺受阻或者是挫敗、在治療過程中覺得無聊或者沒有耐性（Norcross & VandenBos, 2018, p. 52）。

7-3 專業耗竭

　　每種行業都會有倦怠與耗竭的情況發生，也都會造成身心上的疲憊或失能，諮商師幾乎每天面對不舒服或沉重的人事物，經年累月下，極易產生耗損或失能。可能引發諮商專業耗竭的情況有：（一）幾乎一成不變的工作型態；（二）付出很多卻未獲得同等的讚賞與回饋；（三）在工作中缺乏成就感與意義感；（四）在持續而強大的壓力下進行創作、執行及應付最後截止日期的工作；（五）與棘手的族群工作（如抗拒強的當事人、非自願的或少有進展和改變的當事人）；（六）與工作人員持續的衝突與緊張（缺乏同事支持、面對許多批評指責）；（七）與督導及工作夥伴之間缺乏信任關係（針對共同的重要目標，衝突多於合作）；（八）缺少個人的表現或主動嘗試新方法的機會（在實驗性、嘗試改變及創新的情況下，不僅未被鼓勵，反而被勸阻）；（九）對機構的目標一直感到不滿，且少有機會創立新的目標；（十）對當事人未提供合乎標準的服務；（十一）被要求付出不合理的時間與精神；（十二）在個人及專業上工作繁重，無足夠的督導、繼續教育或其他在職訓練的機會；（十三）除了工作情況外，個人未解決的衝突（如婚姻關係緊張或長期的健康及財務問題）（Corey& Corey, 2011/2013, pp. 404-405）。

　　實習生本身可能在剛接觸實務工作的時候，會有熱情與興奮，但是如果是長期接案，而且工作型態一成不變，或認為自己付出很多，

卻沒有得到當事人或者同儕以及機構人的肯定或正向回饋，甚至慢慢
覺得自己一直在趕進度或者是接案，缺乏成就感和意義感；另外，實
習諮商師也需要做一些方案計畫或者是完成自己的論文，有時候在很
大的壓力下要趕工，甚至在辦公室待的時間過長，或者是實習生接觸
的族群（像是在監獄、大多數為非自願個案或心理疾患者）可能看到
的改變與進度不多，也會產生麻痺或者是疲憊感。此外，若實習生在
機構中缺乏正面的氛圍，同儕彼此之間為了分工問題或者職責所在有
緊張衝突，在這樣的情況下工作，其實也很容易耗損，若加上與督導
的關係如果不順，甚至在督導時間中無法獲得自己想要的一些支持或
是指導、建議，也可能會反映在自己的臨床工作上。有些實習生在私
人的心理機構工作，可能需要一直接案或做外展的服務，這樣子未必
能夠提供當事人有品質的服務，甚至是被機構要求付出更多時間來設
計、規劃或參與活動，這種種都可能會造成自己身心上疲憊，卻刻意
壓抑而不自知。如果還有許多個人議題被當事人所觸發，也很容易造
成自己對未來生涯的失望感。

Norcross 與 VandenBos（2018, p. 40）整理了治療過程中會遭遇的重要危險／壓力源

壓力源	說明
當事人行為	包括當事人敵意移情、自殺的陳述或企圖、對諮商師的氣憤、嚴重憂鬱、無感或無動機、提前結束治療、被動攻擊、因執業不當而遭訴訟、倫理或者是執照的申訴、病人的暴力、臨終病人、強烈的抗拒以及嚴重的精神疾病
工作的情況	組織政策、管理照護的情況、過多的文書以及工作量、安排時間的限制、過於投入、對於較少控制的有較高期待、要遵守過多的規則與規定、被隔離在管理決定之外、低薪、較少職員或者是管理上的支持、時間壓力及期限、同事的不友善行為、機構對於新想法的抗拒
情緒剝奪	無聊單調的工作、生理上的耗竭與疲倦、不能離開辦公室的心理動力狀況、需要中止治療、對病人的病態認同、熱情耗損與二度創傷、重複的情緒壓力、治療成功案例稀少、對於生涯選擇的疑慮、心理疾病發作
心理上的孤立	包括專業的競爭、嚴守保密、不能透露個人資訊、將個人所關切的事情放在一邊、單向的親密感、需要控制情緒、理想性以及全能感、貶低以及攻擊、大眾的感受、與世界及同事隔離、生理上不活動／疲倦。
治療關係	對病人的責任、與困擾病人工作的困難、病人缺乏感激、反移情的感受、發展一個病態的取向、在與病人的關係中缺乏真誠、受限於五十分鐘的晤談時間
個人方面的議題	財務壓力、疾病與失能、年老與退休、所愛或家庭成員的死亡、離婚、婚姻、懷孕擔任父母、搬家、孩子的離開、末期疾病
其他細瑣的壓力	對於當事人處遇結果的理想性標準、評估進度的困難、對於心理治療有效性的懷疑、心理疾病的公眾汙名化

```
┌─────────────────────────────────────────────────────┐
│ 心靈小站                                             │
│ 專業耗竭的徵象：工作更長時間、接受更少的督導、見更多的當事人、體驗 │
│ 到更多的壓力、遭遇更多當事人的負向行為，以及在情緒上的疲累增加。   │
└─────────────────────────────────────────────────────┘
```

7-4 自我照顧

　　每個人都需要有多元自我照護的策略與方式，不僅是諮商師或助人專業而已。自我照顧首先要從自我覺察以及自我監控開始（Norcross & VandenBos, 2018, p. 12），可以藉由日誌的撰寫來檢視，然而只有覺察並不夠，光是想法不如以自行，得將其需要變成每日之必要或應該之事。喬虹（2018, p. 199）提到自省最難過的是「自己」這一關，儘管諮商師培育機構裡強調自我覺察與省思的重要性，但是除非授課教師規定作業，讓學生養成撰寫自我覺察週誌的習慣，要不然憑空要求學生固定做自我覺察的工作幾乎是不可能的。

　　美國心理學會與諮商師學會將自我照顧列為治療師倫理守則之一，因為只有健康的治療師，才能夠提供有效的服務給當事人。自我知識與謙遜是在執行治療時候的酬賞（Norcross & VandenBos, 2018, p. 29），諮商師雖然在治療過程中可以協助當事人更了解自我，但同時諮商師也在這樣的人際交會與互動之中，對自己的認識更深入，也因為有這個特權知道人生之不堪，對於人性有更多的悲憫與諒解，也了解有更多的事情不是我們能力所及，因此容忍與謙遜自然

產生。

　　新手諮商師在接案過程中，常常會將當事人的議題或困擾帶回家，搞得自己很難成眠，翌日又要面對更多的困阨與負面消息。老實說，諮商師當初選擇做這一行，早就知道自己每天要面對的都不是快樂正向的故事與人，而自己當初爲何堅持繼續？可見助人專業是自己想要從事的工作，也能在工作中得到酬賞與意義感，因此要重回自己的初心，不要忘記自己爲何在這裡。最簡單的做法就是儘量將當事人或實習事務在機構中完成（如個案紀錄、接案準備、檔案及測驗歸位或處理），不要將它們帶進家門，而在進家門前，象徵似地在門前的地氈上用力踩踏一下，表示將在實習機構中的事務放下。有些諮商師分享自己會在進家門前先花幾分鐘呆坐在車內，整理好心情之後才下車。我之前有一位擔任家族治療的美國朋友，自己經營諮商中心，身兼三個男孩的單親母親，她知道自己每天累乏乏地回到家，興奮地迎她而來的是急於分享自己如何過一天的活潑可愛的孩子，爲了不讓自己因爲工作而忽略了孩子的需求，她想到在入家門後先進自己的房間，接著在房間門口擺上「休息五分鐘」的告示（這都先與孩子商議過），即便只有短短幾分鐘，對她來說卻是功能與意義重大，她不僅可以洗把臉、讓自己輕鬆清爽一下，還可趁此將情緒整理好，面對即將扮演的「母親」角色，後來她的孩子願意給她十分鐘！有些諮商師在工作場所說了太多話、與太多人互動，因此亟需要獨處與沉默的時間，當然也可以做很好的安排，讓自己的需求滿足之後，才有多餘的

體力與精神去面對生活中的必要與應該。

最簡單而重要的自我照顧自然是日常生活規律與健康習慣的養成。健康習慣通常只是堅持一個小小作為或活動（像是走路、爬樓梯、冥思、泡腳），只要能夠持續下去，都可以讓自己身心愉悅、沒有太大負擔。自我照顧可以與壓力紓解合併在一起，因此在自我照顧之後接著會就壓力與調解做更詳細的闡述。

7-5 諮商師自我照顧的重要性

諮商師每天面對許多負面事件，吸收了許多負能量，這些是最能考驗自我強度的。如果自我照顧不周、無法有效服務當事人，還會造成倫理的議題。諮商師也是人，在專業上與生活上都會遭遇一些困境或問題需要面對與處理，因此自我覺察與照顧刻不容緩。

一、有健康的治療師才會有健康的當事人

諮商師本身是當事人求助時的諮詢及協助對象，在某些程度上是被依賴者與角色楷模，要讓當事人看到希望、走過掙扎與奮鬥的榜樣，因此說有了健康的治療師，才會有健康的當事人。諮商師維持健康的生活或習慣，在教導當事人履行健康生活時才具有說服力，倘若諮商師本身菸癮戒不掉，卻一方面告訴當事人抽菸與肺炎或三高之間的關係，豈不是一個笑話？我們在諮商師訓練課程中提到行為改變技

術，通常會要求學生自己也做一個行為改變計畫，讓學生身歷其境、了解改變行為的一些挑戰與箇中滋味，學生就會較清楚當事人在進行改變時會遭逢到哪些困擾或阻礙、應如何預先防範未然，也會更願意陪伴當事人進行改善的工作，不會寄予不切實際的希望。

二、獨立工作的孤單

　　許多新手諮商師嚮往自己有朝一日能變成無拘無束、自由的行動諮商師，但是學者們提醒——諮商工作基本上就是一個獨立的工作，甚至有些人是全校唯一的專輔教師（Harvey & Struzziero, 2008, p. 9），因此一些有經驗的獨立諮商師常常會抱怨感到孤單，而更常見的是對於一般的生活、地區性的或者是全國性、國際性的事件基本上較無接觸（Norcross & VandenBos, 2018, p. 41），造成許多諮商師都變成單獨在諮商室裡工作、接案，對於生活脈絡以及經驗的敏感度越來越匱乏，也在後來面對當事人時，造成自己在個案概念化或者處置上的缺失。諮商師經常單獨在諮商室裡與當事人相處與說話，導致自己回到家中會想要獨處，或因工作忙碌減少了與重要他人的互動與關係經營，容易讓自己孤立無援。因此要記得：諮商師也是人，除了工作之外，也需要好好經營自己的生活，才不致於加速專業耗竭。

　　諮商師也會遭遇到日常生活中的一些小危險，這些小危險累積下來就是耗竭的前兆，處理方式是：（一）認出這些危險性，同時建立比較實際的期待；（二）接受問題出現的現狀；（三）自我同理，了

解自己的情況；（四）找到力量的資源——這也是可以學習與成長的機會；（五）團隊合作，不需要經常獨立作業；（六）將自我照顧運用在自己身上；（七）必須學會妥協與自我權益的平衡（Norcross & VandenBos, 2018, pp. 59-63）。

三、研究與實務的關係

通常自學校畢業踏入社會工作約莫半年之後，就會發現自己在校所學幾乎「用光」，此時進修的動機最爲強烈，諮商師當然也不例外，況且所接觸到的實務工作千變萬化，極大多數是自己未曾遭遇過的案例，在手足無措、想方設法解決之時，最能夠感受到自己所學不足，因此治療師唯有自己持續進修，才能夠保證治療的有效性、眞正服務當事人。

諮商師擔任臨床工作，會發現許多可以持續了解與研究的議題，不是諮商師教育者才需要做研究（當然諮商師教育者更需要繼續臨床實務工作，才能夠預防自己的知能「生鏽」，也才能培育出更好的臨床治療師），站在第一線的諮商師更是進行研究的最佳人選！然而許多諮商師好不容易完成自己的碩士論文，總認爲進行論文期間是人生最痛苦的時期，不希望再走回頭路，其實是很可惜的事！理論需要臨床實務的運用與修正，而臨床實務也可以補足與印證理論的優窳，讓理論更切實。此外，也提醒新手諮商師，許多公私立機構爲了向政府或其他社福單位申請補助經費，需要撰寫方案計畫，而完整的計畫需

要有計畫書、執行過程、結果與評估等項，除了多一項「經費編列」外，其他部分就是論文的縮影，因此建議實習生不妨練習方案之撰寫與執行，對於未來職涯發展有益無害。

四、身體活動

　　諮商師也很容易因為缺乏身體的活動、侷限在自己的諮商室裡，導致一種叫做「環境剝奪」（environmental deprivation）的情況。由於每天所做的幾乎是同樣的一件事，心理上的貧乏或空洞造成諮商師面對所有的當事人都是用同樣的方式、技巧與字句，最後諮商師的真誠以及創意就會受限（Freudenberger & Robbins, 1979, as cited in Norcross & VandenBos, 2018, p. 42）。諮商師需要花許多時間與當事人晤談或帶領團體，因此更要注意身體健康，才能夠以正向、神采奕奕的模樣出現在當事人面前（別忘了諮商工作需要耗費的心力與體力甚多，同時是當事人效仿的楷模）。長期坐著的工作也容易耗損健康或是影響情緒，因此偷個小閒活動筋骨、伸伸懶腰，儘量步行或走樓梯，都可以讓自己身體保持靈活、少病痛。

五、當事人或重要他人的期待

　　當事人對於諮商師的過度理想化或期待，會造成諮商師的壓力，而諮商師為了要保持專業上的祕密，也使得我們在與家人和朋友分享時受到限制。家人可能認為保密是諮商師將他們隔絕於治療師世界的

一個通則，這些都會導致所謂的單向親密感（one-way intimacy），也造成諮商師本身習慣性地壓抑這些強烈的情緒，沒有去處理也沒有解決（Norcross & VandenBos, 2018, p. 43）。要在專業與私人生活上保持平衡的確需要很大的智慧，不要忘記與親密家人或朋友保持良性溝通，他們有時候也會因爲諮商師的專業而有不同期待（像是將諮商師當作義務諮詢或顧問）。諮商師在界限的彈性拿捏是很有幫助的。

六、危機與壓力

諮商師每天幾乎都與一些不快樂的事件接觸，這些負能量或壓力若無法做適當排除或調節，可能就會殘留在治療師身上，造成另一種壓力源。諮商師每天接觸的都是面臨困境或危機的當事人，因此替代性創傷以及二度創傷似乎不可免，對於治療師自己的身心及生活，都造成很大的影響。如果諮商師自己不能夠有很堅強的自我強度（self-strength）、創意有效的解決方式和健康的生活作息來調解的話，也很容易陷溺其中、無法自拔。

有些諮商師服務的族群不同，倘若一直與一些有心理疾病的人接觸，對於世界以及人性的看法也會有影響，而特殊的病人（像是有自殺意念或有行動、對治療師有攻擊行爲、嚴重憂鬱症患者、提早結束治療、無感，甚至失去當事人──如當事人死亡）對諮商師來講，都是非常大的壓力。當事人自殺向來是治療師最害怕的事件（Pope &

Tabachnik, 1993, cited in Norcross & VandenBos, 2018, p. 45）。
當事人自殺可能意味著治療師的失誤或失敗，還得要承受同僚或社會
大眾的異樣眼光。依據美國的統計，有超過兩成的諮商師、超過三成
的心理師、超過六成的精神科醫師會遭遇到當事人自殺，其中四位
實習生裡面會有一位碰到當事人有自殺企圖，而至少九個實習生裡
面有一位會經歷到當事人完成自殺（Norcross & VandenBos, 2018,
p. 46）。許多新手諮商師在處理當事人有自殺企圖或是危險個案
時，都急於要讓對方「放棄」危險的想法或手段，卻忘了去理解當事
人的情緒與想法，反而適得其反。儘管當事人處於危機狀態，治療師
也需要冷靜思考：當事人要的是什麼？目前需要什麼？而不是專注於
只要讓當事人摒棄目前的危險手段或思考而已！倘若諮商師認為當事
人有生命危險，安排其住院，同時有醫療與諮商師協助預後會更佳！

Ivey 與 Ivey（2008, pp. 34-39）將健康自我分成五個部分

自我照顧項目與內涵

接納自己	接受自己的全部，包含優勢與不如人處
了解自我的價值	知道自己是有價值的，不會因為哪些條件不如人而自貶
自我照顧與自律	有自我管理的方式與習慣（負責），不會妨礙他人自由
自我實現與成長	有自己的夢想或理想，也願意去執行，希望能成就自己的生命意義

心靈小站

根據美國的統計資料，大概有一半左右的治療師遭受當事人威脅、騷擾或者是攻擊（Norcross & VandenBos, 2018, p. 46）。

7-6 諮商師的自我照顧方式

諮商師最基本的自我照顧包括滿足生理行為上的基本需求（如適當的睡眠、休息、營養、運動以及與人的接觸）（Norcross & VandenBos, 2018, p. 67）。時間管理與休閒很重要，許多治療師都將自己的行程排得很滿，想要「拯救」更多人或是基於經濟的需要，加上許多諮商師都是獨立作業的多（尤其是將自己關在諮商室裡），與外界較疏離，這樣的做法是加速了專業的耗竭。

與不同當事人接觸的經驗、接受正式的督導或是諮詢，此外還可以進行個人的治療，學術上的資源像是上課、閱讀書籍或期刊，做研究，這些都是對諮商師個人生涯發展非常正向的因素（Norcross &

VandenBos, 2018, p. 84）。

一、自我照顧的面向與方式

我在許多的場合都會請參與者做「脫去角色」的活動，也就是請參與者在兩分鐘內臚列出來目前自己所擔任的角色，接著按照他們認為的重要性選出前三者，接著要自三個角色裡篩選出唯一不願意放棄的角色，結果發現已婚的女性最不願意放棄母親的角色，未婚的則是女兒／兒子的角色。活動最後，我請參與者將「自己」列入角色之最優先位置，並告訴大家：「只有先照顧好自己，才可能勝任其他角色。」當然也有參與者指出「自己」應該不是一個「角色」，其實定義不重要，重要的是：要先把自己照顧好，才有源頭活水！

1. 一般通則

本書前面所提到的一般維持健康的通則，像是良好的睡眠與作息，少吃精緻或加工食品，養成固定運動（增加腦內啡，讓自己心情愉快）或活動習慣、定期健康檢查與休閒（息），與重要他人或人際維持良性互動、不沾染不良嗜好或上癮行為等，這些對於情緒健康都有附加效果。維持身體健康與習慣是最簡單的自我照護，不僅保持與維護體力，心情上也較輕鬆自在，身體上若有不適影響很大，心理上的不舒服也會導致生理疾病。當然還可以做其他的自我照護方式，特別是情緒的部分，如了解自己較容易出現的情緒，以及促發失控情緒

的場景或因素，讓自己可以暫時離開現場、喘一口氣或冷靜一下，或是深呼吸、讓情緒平穩下來，找個人談談、發洩一下情緒，跑一跑或運動，聽聽音樂或看看影片分心一下，甚至是找不會讓自己受傷的方式發洩情緒（如大叫、捶抱枕、跳一跳），等情緒可以掌控了，再回過頭來解決或處理方才因為情緒留下的問題或事務。但要謹記：情緒抒發只是暫時的，問題並沒有因此而獲得解決，但至少不在情緒的影響下與人互動或處理事情，結果比較不會失控，情緒穩定之後，腦袋也較清楚，會有較佳的解決之道。

2. 自我對話

我們常常在做決定時會不自覺地自我對話，甚至是大聲說出來，彷彿在這樣的一來一往之間，可以更清楚自己的思緒，也容易做更佳的決定。撰寫覺察日誌或是週誌，是自我對話與自我整理的好方法，為了免於流水帳，也可以就重要事件來做紀錄，除了描述事件之外，可以加入自己的想法、感受與行動是最好的。在決定撰寫覺察日／週誌的同時，你／妳就會發現自己的敏銳度增加了，對周遭的人事物會更留心，而許多以往不在意的事件會開始在心裡發酵、產生意義與自我的連結。自我對話較為省事、方便，但也容易遺忘，而撰寫日誌與每日的反省不同之處在於還可多留下一份紀錄，裨益於自己日後翻閱與檢視，也為自己的成長之路烙下痕跡。我們一般與當事人進行治療時，也期待當事人可以用書寫或是說話以外的方式做作業或撰寫一些

心得，主要用意也在此。

　　理情治療師鼓勵當事人將自我對話記錄下來，主要是協助當事人釐清可能謬誤的想法。諮商師當然也可以做自我對話，用來檢視自己可能的「非理性信念」，或是協助自己做更好的選擇或決定。

3. 正念或冥想

　　冥想或靜坐，最基本的就是「觀察」的工夫，「呼吸」不是我們「做」出來的，我們是「目睹其發生」，而冥想就是從呼吸開始，轉移到內在的生命力（Tolle, 2006/2008, p. 235）。治療師的正念或冥想（mindfulness）也是自我照顧與成長的一種方式，強調的是治療師對於自我的敏銳度，可以與當事人同在（Himelstein, 2013, pp. 6-7）。目前有許多關於正念的實驗與研究，發現不僅對情緒障礙者（如過動或憂鬱焦慮症者）有正向幫助、減緩徵狀，讓受試者恢復自信，用在行為偏差的青少年身上同樣有效（Himelstein, 2013），而一般人用在自己身上，對於情緒舒緩、思路釐清也有所助益。冥想也可以是與自我相處的方式，平常忙碌於日常生活的繁瑣事件中，我們只是以不斷的「做」（doing）來證明自己的存在與意義，殊不知這樣的生活模式卻常常讓自我感覺耗竭或無意義感，倘若每天可以花些許時間，容許我們面對自己，或許對自己會有更多的認識與寬容。

　　花時間給自己、與自己相處，是正念或冥想的目的之一。冥想是

讓自己心情沉澱下來，不要執著在某個意念或感受中，而是讓它過去，這樣子持續練習的結果，會發現情緒很容易放鬆且清明、不固執在一個點上，連帶也讓自己的思想清楚、不迷惑，同時也會接納自己、理解自己、疼愛自己。我們在生活中總是急著去做、去完成某些事，卻很少給自己去接觸身體及內在的感受，冥想給了我們一個很好的機會。將冥想變成習慣，也有助於獨處與自我釋放。

冥想（或內觀）就是利用一段時間（如五分鐘），將手邊事務放下，讓自己可以靜下來，將焦點放在呼吸或身體感受上，即便有一些想法在腦中，就讓它過去、不要執著。這樣的靜思方式，已經證明可以讓情緒穩定下來，也增進專注力，甚至用在有情緒困擾者（如憂鬱與過動）都有極佳的效果。冥想或內觀可以協助我們與自己的知覺及感覺有更好的接觸，甚至可以抵銷厭惡或逃避引發的效果；當意識到有想法飄過，也是提醒我們更專注在當下，而對於創傷或是痛苦感受的覺察，願意去接觸、經驗，不僅拓寬了覺察的廣度，也開啓了心智與身體新的可能性（Williams, Teasdale, Segal, & Kabat-Zinn，2007/2010）。當然，冥想也需要練習，才能在需要時拿出來使用（Williams et al., 2007/2010）。可以的話，每天給自己一段固定的時間，或許是在就寢之前，找一個讓自己安適舒服的環境，安安靜靜地坐下來，先聚焦在自己的呼吸上，然後在習慣之後，可以慢慢拓展到身體其他部位或全身。

4. 自我覺察週誌

　　書寫有統整與療癒的功能，也有「自我對話」的意涵。因為書寫可以留下「紀錄」，因此保持較為長久，可以隨時翻閱，不僅可以見識到自己的成長，也可以有新的頓悟與體會產生。通常在書寫的當下就有情緒抒發的效果，諮商師也會運用這樣的方式做專業上的覺察。當然，我們也可以做日常生活特殊事件的覺察日誌或週誌，不一定要像流水帳式的書寫。「覺察日誌」的撰寫，是讓學習者可以彌補上課時討論之不足，也進一步針對自己的感思做統整與反省，這也印證了Hazler 與Kottler（1994）認為札記撰寫的幾個優勢，包括記錄自己所思所想（如閱讀心得與領悟）、記錄自我成長（比如自我生活挑戰與因應、新觀念運用情形、做自我對話與未竟事業的完成）、技巧演練與理論印證等等。

　　邱珍琬（2002）在檢視學生覺察日誌時，發現有幾個重複出現的主題：人際（包括家人與親密關係）、自我、理論印證、諮商實務的體會與生涯等。一般在諮商師訓練過程中，教師可能會要求實習生針對每一次處理的案例做錄音或錄影，然後將自己的錄影（音）紀錄重新看過（或聽過），把自己可以做卻沒有做到的記下來，也將此次晤談做通盤整理與反思，經由這樣的動作，不僅在實務上進展神速，也能讓自己在臨床的判斷上長進許多。

5. 保持彈性與適當變通（包括創意）

雖然養成一些好習慣很重要，然而也要適度變通與彈性，有時候不妨跳脫出固定的習慣或方式，嘗試一些不一樣的方法或行為（如用非慣用的手寫字或洗澡），聽聽不一樣的生活方式或活動等。許多習慣成了自動化反應之後，不僅讓自己拘泥僵化，也會失去許多樂趣，而這與個人性格有關（像是不喜歡變化或是怕麻煩）。

在平常生活中也可以打開感官，多去留意生活周遭的人事物，去體驗、感受與欣賞，像是聞空氣裡的花香或樹香，抬頭看看天際的星空與遠處，都會有不同的感覺與想法，也能讓自己走出限制。

許多的行業都需要創意的發揮，諮商師因為工作性質特殊，更需要創意（邱珍琬，2016b），創意可以是新的觀點、做法、技術、解釋或是與美有關的一切，也可以將舊／既有的做新的運用與詮釋，其目的都是讓諮商客製化且順利進行，並且有不錯的療效。諮商師在臨床經驗中，除了慢慢嫻熟理論，做調整與修正，並為當事人打造客製化的治療過程與目標外，也會開始研發或改良一些技巧、量表或者投射測驗，對於技術的運用更謹慎而個人化，展現了治療師的許多創意。諮商師的創意包括：欣賞治療過程、了解治療的矛盾處（像是當事人只是暫時依賴諮商師，最後則是需要獨立自主；要為他人做更好的服務，治療師必須要先照顧好自己）、創造出有效的隱喻來傳達一些訊息、自主地使用幽默以催化治療關係、體驗到頓悟及靈光一閃、

認知人類及治療本身所遭遇困境的諷刺意味、發展一個新而有效的治療方式、與他人分享臨床的智慧（Norcross & VandenBos, 2018, p. 225）。諮商師也要有能力將自己每日一成不變的生活做彈性安排與變化，反映在臨床工作上，可以讓治療更清新、產生更有趣且具療效的技巧與方式，也免於專業耗竭或疲憊。

6. 固定檢視自己的情緒或壓力狀態

自己的情緒如何，多多少少都可以感受得到，雖然一天的情緒會有起伏，但是得看自己「微調」的方式如何，不要累積到太多時，才一併發洩或處理，這樣效果不佳，也容易影響自己的人際關係與工作成效。

「微調」的主要目的就是做緩慢、小部分的處理，這樣的處理效果也較佳。「微調」需要有許多自律與習慣，自律就是知道自己需要做調整，習慣就是遭遇壓力或負面情緒時，先採用自己喜歡、慣用及有效的方式解決，同時也要不斷研發其他有效的處置方式。心理學的阿德勒學派還發現從自己的感受來看孩子的行為動機，藉此了解孩子，是一個很好自我檢視的管道。

7. 持續經營良好的支持系統與人際網路

人際關係是心理健康的關鍵指標，而人際關係需要持續經營，這自然也包括家人與親密關係。我們對於與自己關係親密的人，常常

會忘記禮貌與感謝，甚至認為這些關係不會跑掉，可以視之為理所當然，反而容易破壞家人之間的關係。固然每個人生階段都可能有不同的關係需要經營，但自己想要的關係絕對是需要努力去維持與經營的，即便只是一句簡單的問候，也可以重拾舊日的情誼。諮商師與當事人建立信任的治療關係，更需要從平日與人互動中學習及累積智慧，除了生活上需要人際經營，在臨床實務上也是如此！

8. 改變信念或轉念

有時候只是接受事實彷彿還不足，或許需要接收一些新的訊息、做一些觀念或信念的改變。改變信念不容易，除非有重大事件的影響，然而也可以是日積月累的功夫。「轉念」是換個方向思考，對一般人來說比較容易。在做信念的轉變之前，可以持續檢視自己的信念是否合理，因為「我們總是不斷在對自己解釋這個世界，而且往往是對這個解釋做出反應，而非對事實做出反應。」（Williams et al., 2007/2010, p. 208）。心理學的理情治療學派提供一種方式來檢視我們自己的「非理性信念」（妨礙生活功能的想法），A（事件）發生並不一定導致C（情緒與行為結果），可能是B（信念）從中作梗，只要拿出證據、做有效的D（辯駁），就可能產生E（效果）、F（新的感受）；當然對同一事件，也可以腦力激盪出不同的想法或轉圜之道。諮商師在與當事人晤談時，除了擔任當事人的楷模、鏡子，很多情況下會提供另一個觀察及思考角度給當事人（或是為當事人提供另

一個視窗），因此諮商師本身在面對困境或可能的難題時，也要有重新架構、轉換參考框架的能力，許多信念的改變是因為經驗增加了，而不需要繼續執著。

許多信念的改變是因為自身經驗，有了第一手體驗，就可能衝擊原有的想法，雖然舊思維會頑強抵抗，但是隨著不同的經驗出現，新的感受與思慮就會慢慢產生。諮商師的創意與彈性也意味著──改變是可能的。

9. 與同儕的督導與支持

研究生同一年進來，表示彼此是對方最好的支持系統，也是未來生涯重要的夥伴，除了一起上課、有共同的目標，互相交換學習心得、共同討論，一直到碩三實習或寫論文時，這樣的同儕支持系統協助仍然很大，甚至會是未來職業生涯中一個最基礎的支持團隊。

當然要全班都成為同一個支持系統有點強人所難，畢竟每個人的個性或做事方式，以及未來工作地點都不一樣，但是因為有同窗情誼，彼此相處的時間超過兩年，因此比較能夠培養一些穩定的情誼關係。人際關係是心理健康最重要的指標，倘若能夠建立一些有意義的人際關係，不管是在生命或者是在專業的旅程上，都不會是遺憾！

支持系統可以是學術上的，在課業上互相討論、分享，在論文寫作上彼此提供資源、人脈，相互鼓勵與支持；而在實務工作上，可以彼此交換意見、提醒、支持及協助，甚至走在專業的路途上，有一些

情緒或壓力的宣洩、觀察與心得的分享，還有專業資訊的提供，這些都是很棒的資產。

諮商師與同儕之間的固定督導，可以遴請一位專業督導來協助，也可以彼此之間討論案例、做團體督導，這樣不僅可有一個固定的支持網路，大家所學相同、比較能夠了解彼此的需求，在溝通上也較無障礙，同時可以分享不同的做法與問題解決方式，增進專業知能與效率。諮商師的同儕團體可以達到幾個功能：提供與其他專業人員一起的社區感、可以滿足欣賞與被感激的需求、學習到實際的執業管理、分享困難的個案與感受，以及得到同業間的支持（Norcross & VandenBos, 2018, p. 80）。研究顯示同儕諮詢團體會談論到問題個案、倫理與專業的議題，以及分享資訊（Lewis et al., 1988, cited in Norcross & VandenBos, 2018, p. 80），當然也要注意到遵守倫理的規範。同儕督導更有益於專業倫理與法律的提醒與檢視，若有疑慮，還可以交換與提供資源網路，裨益於問題之解決或策略之擬定。平日工作場域上有倫理及法律的懷疑時，同儕與督導通常是第一個會想到的諮詢對象，或許有人曾經經歷或聽聞相關的事件，就可以提供意見或協助，要不然也會有相關的法律資源或資訊網路連結。

10. 固定接受專業督導

除了同儕團體督導之外，諮商師若有個固定督導可以討論，當然是最理想的，而督導不只應該要討論到個案的問題，也應該提到

實習生或受督者身爲一個人的議題（Norcross & VandenBos, 2018, p. 85），畢竟諮商師是以自己作爲治療工具，也會遭遇到許多個人議題。接受固定督導能讓諮商師有個專業的討論對象，督導基本上扮演著監督、關照與支持諮商師的角色，在許多情況下較容易看到受督者的議題與自身狀況，可以予以及時提醒與協助，減少專業耗竭產生之機率。

心靈小站

辦公室內的營養資源──包括同事、同儕支持／諮詢團隊、臨床團隊、辦公室工作人員、社區專業人員、督導良師等，對於諮商師的福祉以及能力的增進扮演了非常重要的角色（Norcross & VandenBos, 2018, p. 86）。

---

11. 維持適當的界限

　　人際關係的維持與經營不易，而治療師在日常生活中與人相處，同樣也要維持適當的彈性（儘量保有獨立與接觸的需求），在自己生活上需要注意工作與私人時間的界限，尤其是維持時間的界限──也就是不要毫無適當理由地延長與當事人面談的時間，做適當的時間管理、切割工作與私人生活是非常重要的。新手諮商師經常會將當事人的問題帶到下班或離開諮商室的時間，這樣的情況會隨著自己的覺察與經驗慢慢釐清，調整到適當的程度。有些諮商師會想要盡全力協助當事人，幾乎是隨時隨地「on call」的狀態，導致自己身心極度疲

憶，必須提早離開職場。在治療室中密切地與當事人工作，可能會造成諮商師一種心理上的不舒服，如果不小心的話很容易就將當事人的問題或情緒帶回家去。過度認同及過度涉入當事人的情況，也會造成治療師的同理耗竭，當然就無法避免受到其負面的影響（Norcross & VandenBos, 2018, p. 52）。

對諮商師來說，離開辦公室之後將自己的治療角色放下是有困難的（Norcross & VandenBos, 2018, p. 45），需要慢慢訓練將工作與私人生活做適當切割，但即便諮商師回到自己私領域中生活，偶而還是會有緊急的當事人情況需要處理，因此更需要維持彈性且適當的界限。

心靈小站

諮商師的一些非理性的「必須」（mustabations）：必須讓每個當事人都能夠得到成功有效的治療；必須要成為世界上頂尖的治療師；必須被所有的當事人喜愛及尊重；既然我很努力工作，我的當事人應該也要跟我一樣堅持；我必須要在每一次的晤談中都能夠很享受（Norcross & VandenBos, 2018, pp. 124-128）。

---

12. 個人治療

諮商師是人，生活在人世間，也會遭遇到困境或難題。有時候連自己都無法了解情緒自何而來，或是已經有情緒障礙或問題了，還是

不願意去求助，此時就應該善用專業的求助管道，去找諮商師聊聊，看專業人士的觀察與意見爲何？千萬不要諱疾忌醫，反而耽誤了預後效果。許多人都是等到掉到谷底了或是覺得無望了，才願意去求助，有時候眞的太嚴重，要諮商師在短時間內達成效果也是極爲困難的。

　　諮商師也是凡人，當然也需要諮商師。有些專業助人者會擔心社會汙名（他人怎麼看求助者），因此不願意去求助，甚至會擔心在這麼狹窄的業界去求助可能會被傳開；倘若眞是如此，將此傳開的治療師就違反了專業倫理，應該受到譴責與處罰。諮商師長期接受當事人的負能量，若無建設性的抒發與管理情緒方式，可能會有替代性創傷或是累積太多壓力，最後造成自己的專業耗竭，那就得不償失了！

　　佛洛伊德認爲個人治療是治療師最深刻、最嚴苛的臨床教育（Geller, Norcross, & Orlinsky, 2005, p. 5）。Orlinsky、Norcross, Ronnestad 與 Wiseman（2005, pp. 226-227）整理研究結果發現，個人治療可以：（一）協助諮商師增進情緒與心智功能，使得諮商師的生活較爲滿意；（二）讓諮商師更了解與病人之間更完整的個人動力、人際互動的啓發以及衝突的議題，諮商師可以有更清楚的覺察而不會被自己的反應所玷汙，也減少了反移情的現象；（三）個人治療會減輕情緒的壓力與負擔，讓臨床實務者可以更成功地處理與自己專業有關的特殊問題；（四）個人治療提供了一個深度社會化的經驗，建立一種有關治療有效的信念，展現在自己生活中的轉變力量，還可以催化及內化治療師的角色；（五）個人治療將諮商師放在當事人的

角色上，因此可以讓他們更了解人際之間的反應、當事人的需求，也能夠讓他們更尊敬當事人的掙扎；（六）個人治療也提供了第一手、張力大的機會，來觀察臨床的表現與策略（如治療師的模式、人際與技術的部分）。

　　不管是為了個人的理由或者是訓練的專業理由（或者兩者）而接受個人治療，都是有益處的。治療師的個人治療主要能夠增進自我的覺察力以及對個人生活的滿意度，畢竟我們是心理健康專業人員，應該要關注身心健康。另外，也可以改變接下來的治療工作、增加效率。換句話說，個人治療可以增進個人的生活功能及增進專業表現（Norcross & VandenBos, 2018, pp. 196-197）。

　　佛洛伊德從一開始就相信：個人治療是個人臨床教育以及持續發展不可或缺的（Norcross & VandenBos, 2018, p. 195）。諮商師選擇這個生涯的主要目的是要想要減緩他人的痛苦以及促進他人的成長（Guy et al., 1989, cited in Norcross & VandenBos, 2018, p. 212），而絕大部分的治療師都認為自己可以參與當事人療癒的一部分是一種莫大、值得感激的特權，基於此，諮商師本身相信治療也是專業的展現。

　　實習生在諮商現場可能會發現當事人的移情或自己的反移情情況，移情與反移情具有認知、情感或行為元素，情緒上的包含對當事人或相關人的強烈情緒或反應（如沮喪、挫敗、氣憤、焦慮、困惑及對自己的負面情緒等），認知上的如一直想到某人、質疑自己能

力、過度關切或企圖保護某人，以及認為自己要小心謹慎，行為上的表現如疏離、重覆與他人討論、改變環境等（Ladany, Constantine, Erickson, & Muse-Burke, 2000, cited in Harvey & Struzziero, 2008, pp. 50-51），這些議題也都可以在個人治療中提出，做充分的覺察與討論，避免在晤談中重蹈覆轍，損及當事人福祉或專業信譽。有時候雖然諮商師提及的是當事人或臨床的議題，但是治療師卻可以協助其看見與自身有關的連結或情結，其功能如同先前所提的督導任務，由治療師提出或許更具震撼力，也可在治療師的陪伴下好好正視這個問題、思以改進。

> 心靈小站
> 諮商師的個人治療在治療師持續個體化、發展運用自我的能力，以及達成每一刻真誠與當事人連結的重要角色中非常重要（Wiseman & Schetler, 2001, cited in Geller et al., 2005, p. 8）。

13. 諮商師的靈性照顧與成長

　　預防治療師專業耗竭的其中一個能力就是能夠創造意義（Norcross & VandenBos, 2018, p. 214），諮商師認為自己的工作有價值，並自工作中獲得樂趣與酬賞。此外，治療師在擔任治療工作時，不免需要去檢視自己與當事人的價值觀與相信的事物，而治療本身牽涉到了深度的復原以及重新創造，把驚奇與敬畏帶給所有參與者

（Norcross & VandenBos, 2018, p. 216），特別是諮商師在面對有創傷的當事人時，靈性的信仰或信念也可能是一大助力或阻力。

雖然諮商師會有不同信仰或哲學觀，對於自己宗教或靈性的需求與一般人無二，希望可以藉此提升自己生命的質感與深度。諮商師自己的信仰會不會與諮商信條有所衝突？會不會無意中將自己信仰的價值觀展現在治療過程中？

7-7 壓力與調解

實習生進入實習現場，本身就有許多的壓力源，倘若加上實習機構內人員互動、工作分配、實習項目不足或同時撰寫論文，壓力就更大。有些實習生對自己期許較高，甚至希望在三年內或三年半內畢業，因此其碩三實習在時間上的管理就分外緊縮，如果與指導教授意見不同或論文進度不如預期，又是另外的變數。有些實習生因為實習機構較多危機個案，或是被規定要做許多業務（如招徠潛在當事人、做許多心衛宣導、鍵入資料等），更顯得分身乏術。

適當的壓力可以讓我們生活更積極，考驗時間運用的智慧，也較有創意的思維與作為。壓力調解與時間是相關的，許多壓力是迫於時間少或時間急迫，而壓力紓解沒有養成習慣（或個人性格使然），需要時也起不了作用；壓力也與個人性格有關，有些人慢條斯理、不疾不徐，但也有人如急驚風、想將手上事務儘快解決；壓力當然也與可

用資源有關，倘若資源不足或不到位，有時也會變成「巧婦難為無米炊」的窘境。因此回到最簡單的方式就是養成良好生活作息，儘量不被生活中的事件所干擾或放棄，但是可以有適度調整的空間。做事情要有時間與優先次序，給自己預留時間（grace period），行事曆不要擠得滿滿的，有良好支持系統與關係，固定休閒或休息，這些都是抵擋壓力或專業耗竭的不二法門！倘若要進行論文研究，記得維持每週有一個最低進度，這樣就不容易在原地踏步，心境上較輕鬆，也要與指導老師固定約見討論，讓老師清楚你的情況，不要避不見面或無法聯繫上，除了師生關係會受到影響之外，當然也延宕了論文進度。

心靈小站

諮商師私人生活中發生的事件是最具破壞力的，像是婚姻問題、嚴重疾病以及其他的人際的失落經驗（Norcross & Aboyoun, 1994, cited in Norcross & VandenBos, 2018, p. 56）。

一、了解壓力來源

1. 是否在時間壓迫的情況下要完成多項工作或任務

　　每個人對於完成某項事務的優先次序不同，我們通常會將自己想做的事放在前面，但是也會先思考其重要性如何。有人要有計畫地一小步一小步進行，有人相信自己的潛能，可以在最後幾小時內完成，

因此臨時抱佛腳，這都與性格有關。有時要做的事很多、擠在一起，就容易看出一個人做事的效率與個性，有學生喜歡拖沓、延宕，越有壓力的情況下越是如此。固然有些人在時間的壓縮下產值很高，但是畢竟是少數，而有些工作不只涉及自己，還會牽連到他人，就不能太自我中心了。心理學上有所謂的「A型性格」（性子較急、不耐煩，希望趕快將事務完成，也較容易有心臟血管的疾病）與「B型性格」（凡事慢慢來、慢條斯理，要快也快不來），不同性格者在壓力下的產出也會不同。

2. 是否列出重要的優先次序

　　每個人對於壓力的解讀與承受力不同，有些壓力與性格有關，像是總喜歡拖拉到最後一刻的、緊張兮兮、完美主義者，或是認為掌控一切是很重要的人，其壓力會比一般人要大，反之，性格與前面不同者，可能也是造成他人的壓力源之一。事情雖然有時候彷彿是同時發生或擠在一起，還是會有重要性或緊急與否的性質，因此將其做適當排序來完成是很重要的。有些事可以利用零碎的時間分別完成，或是將一件事分批做完，有的可以同時進行、有的卻要專注花一段時間完成，這些也都可以事先做思考與安排。在安排行事曆時，除了列出應該要完成的事項外，也在中間安插一些讓自己可以偶而喘息或較輕鬆的事務（或是說同時列出「應該」與「喜歡」的事項），可以有平衡與調節的功能。

3. 了解壓力可能來源並先做處理

　　若是壓力源單純、能力或資源足夠、時間等客觀因素也都充分的情況下，比較容易解除壓力源，然而許多的壓力源通常不是單一的，因此就會造成個人的情緒負擔及壓力感。其實許多壓力源自己都很清楚，只是有時候並不是獨力可以解決，或是得要經過一段時間才可能有結果，但是若能夠按部就班，在當下做妥善安排或將可完成的部分先做處理，就是不累積壓力，也可以避免壓力的襲擊，因此時間與事務的管理很重要，切勿浪費時間在焦慮與自怨自艾上。

4. 解讀壓力的向度

　　認知學派認為我們的情緒源之於對生活情境的信念、評估、解釋與反應，不是因為事件發生造成情緒與行為的結果，而是我們看事情的角度與解讀所造成。主要的心理困擾（就是對生活實境或覺知的困擾反應源自於非理性思考）有自我困擾（ego disturbance）與「不舒服的困擾」（discomfort disturbance）兩種，前者常以「自貶」（self-depreciation）的方式呈現（自我要求達不到時，或嚴苛要求他人），後者主要就是非理性信念造成（如要求舒適、不能忍受事情不如己意）。只有無條件接受自我、做出有理性合乎現實的反應，而且有適當的困擾容忍度（disturbance tolerance）才是健康（Dryden, 2007）。

　　非理性思考或信念是造成情緒困擾的主要關鍵，而所謂的「理性思考」有四個標準：是有彈性、非極端的；是很實際的；合邏輯的；以及以事實為依據的；相反地，非理性就是僵化、不切實際，不是以事實為依據（Dryden, 1999, pp. 2-3）。我們的思考中有許多的「應該」與「必須」，「應該」通常與我們認為的責任與義務有關，而「必須」則是與我們或他人對自己的期待有關。

　　許多行為的背後隱藏著一些信念，如果不去檢視，可能連自己都不知道！至少在看待一件事情時要有正、反兩個角度，因此當自己受困於某個向度的思考時，不妨從另一個相反的角度來看，或許會看到不同與挪移的空間。

5. 壓力是否自己獨力可解決？

　　壓力源有時候並不是因為自己能力不足而無法解決，可能有其他因素牽涉其中（包括他人、環境、資源或時間），因此並不一定可以靠個人來獨力處理，此時就要檢視這些條件是否足夠、可否取得適當資源（包括人）、在時間限制內是否可以解決等等因素。像是與人合作團體報告，需要開會、分配工作、統籌一切等，有些因素不是自己可以掌控的，就需要較佳的溝通、意願，方可以竟其功，同時也要安排將自己能做的先進行，可以避免開天窗的大災難。有些壓力需要時間消化，或許我們急著要完成或看到成效，但是不一定會如我們所期待那樣（如考試或面試放榜），因此有時候解決壓力或問題還得要面

對、接納、處理與放下的功夫。

二、因應壓力的方式

　　每個人都有壓力，只是或多或少而已。適當的壓力與焦慮一樣，可以促進生產力與成就感，而對於壓力的重量有主客觀因素，通常與個人主觀的解讀與能力有關。像是認為念書很有趣的人，就不會將讀書視為重擔，但是在家人期待下要考好成績的學生，倘若加上自視能力不足，就會認為壓力更大！平日我們對於周遭環境、人、事、物的觀察與覺察如何？如何做解讀與因應？這些也都會影響我們處理日常生活壓力的效果。

　　每個人習慣或是喜歡的情緒或壓力紓解方式不一，倘若只是以宣洩情緒為主，要注意情緒宣洩方式是否會影響後續的事務完成或人際關係，而情緒宣洩之後問題還是存在，得要去面對與解決。如果長期使用少數一兩個管理情緒的管道，無效了仍不知變通，可能就會產生許多不良後果，像是只要在工作上不如意，回家就罵家人，雖然情緒暫時得到紓解，然而犧牲掉的就是家人之間的親密，可見這樣的情緒管理是無效的！其他像是遭遇壓力就抱怨或責備、攻擊、轉移焦點、放棄不理、自責或放縱自己（如以藥或酒來麻醉）都不是解決壓力之道，反而衍生更嚴重的問題。

　　有壓力的時候會有動機想做些什麼，但同時也會產生焦慮（情緒）。一般因應壓力的方式有「情緒聚焦」（以紓解情緒為主）──

將焦慮或擔心抒發出來，如找人談談、運動或是聽音樂，暫時不與壓力情緒接觸；「問題聚焦」（以解決問題為主）──努力尋求壓力之解決，包括找資源與規劃執行；以及「認知聚焦」（轉換想法或思考），如「反正這件事早做晚做都要做，倒不如現在先處理，以免後患。」轉換想法其實也是將情緒做了處理，許多人會將情緒的部分處理過後，再轉而去處理實際問題，然而有時候問題不是可以立刻獲得解決，還需要時間的過程（像是等待放榜結果），因此這兩種解決方法都有其功能。處理壓力可以主動積極、消極被動或逃避，最健康有效的壓力紓解方式就是：知道自己的能力與限制，凡事量力而為；再則是懂得尋找相關資源（包括人脈或清楚他人的能力）；養成良好的生活與運動習慣，維持最佳體力與腦力；此外，隨著經驗與年齡的增長，要提升自己的挫折忍受力，就不易被壓力擊倒。

許多的壓力是自找的，也就是不清楚自己的能力與限制，甚至是不會拒絕他人，這些都會給自己造成額外的壓力，因此學會說「不」或是拒絕／維持適當界限，是因應壓力的重要篩選管道。

1. 自律與時間管理

治療師常被提醒的是：每天接觸到負能量，要做適當的心理調適，才不會落入身心「耗竭」的結果；也就是說，治療師所面對的都是生活上遇到瓶頸或困阨的當事人，需要耗費許多能量來協助當事人，若要持續勝任工作，自我照顧是相當重要的一環。往往治療師知

道要照顧當事人，卻忽略了自身的照護工作，也不足以爲當事人之表率。

　　諮商師的覺察工作當然包含對自我身心上的照顧，一般簡單的生活管理就是很好的起步，不要等到身心耗竭，影響到健康或生活，甚至折損專業效率了才發現，有時就會很難做補救動作。

　　我們對於時間的感受很主觀，雖然時間有客觀的一面（像是每個人一天都只有二十四小時），然而快樂的時間似乎過得較快、較短，反之若是不舒服或難過時，時間似乎會拉長。我們對於時間的覺察也是一個不錯的訓練。年幼或年輕時，時間過得很慢，一過了成年或三十歲，時間的步調似乎變快了，一到老年，眞的就是度年如日，許多個年頭晃眼就過去。諮商師在與當事人晤談時，也可能有不同的時間覺察，像是與自己喜歡的當事人相處，時間似乎過得飛快，一旦遭遇不喜歡的當事人或難處理的議題，晤談時間也有了變化！

　　我們對於時間的覺察會左右我們的時間管理方式，很有時間感的人，會將要完成的事項做細部規劃、切實履行，有時候不免焦慮；時間感較差的人，往往步調緩慢，有時也會耽誤重要事項，讓他人焦慮緊張。諮商師在與當事人相處的時光中，需要注意自己的步調，配合當事人的速度與進度是最佳的，因此常常要做「調整頻率」的動作，所以「等待」也是必須的。

　　自律主要是指生活習慣方面，當然也涉及時間管理與事務安排的智慧，這些與諮商師的能量與能力維持大有關係，也是防範專業耗竭

的不二法門！時間的管理包含無聊、無所事事，或者是一些必須等待的時間，該如何解讀這些時間？可否做適當的打發或安排？然而也不需要將自己的行程排得太緊，彷彿不做事就是浪費時間，或者手中若無事做，會覺得焦慮、活得不實在。此外，自律當然也包括判斷與拒絕非自己能力所及的事務，與自我知識有關。

2. 健康生活與習慣

每天的作息很規律嗎？有沒有按時進食？吃進健康食物？睡眠品質如何？有無運動習慣？有無定期做健康檢查？有沒有固定休閒活動或興趣？

諮商師的自我照顧，通常就是從日常生活開始，首先要有健康的生活與習慣，才能夠在身心安適的情況下發揮效能。諮商師面對當事人，若有開朗、自在的態度與充足的能量，展現在當事人面前的就是「希望」的感覺，因此足夠的睡眠、健康的作息是必要的，正逢困境的當事人不希望看到治療師奄奄一息或氣沮的模樣，會期待諮商師可以帶給他／她能量與看見光亮的未來。

自律還包括對於一些生活或習慣的管理與克制，不要讓自己落入不良生活的循環，自然能保持健康。也有諮商師以酒精或藥物的方式來紓解壓力或情緒，當然不足以為典範。

> **心靈小站**
> 壓力是指個人與環境的交互作用關係，而當此關係被個人評估為超出其能力資源或會危害其幸福感時，即為壓力（Folkman & Lazarus, 1985）。

3. 安排適當的行事曆與休閒

　　每天工作的分量或安排是否適當？每次晤談之間有無給自己適當的休息與思考機會？可以將每次晤談的紀錄做繕打或整理嗎？需要聯繫或運用的資源也做了安排嗎？會在應做的事務之間安插適當的休息或人際活動嗎？

　　西諺有云：「只工作不玩樂，讓傑克變笨蛋。」（All work and no play, makes Jack a dull boy.）休閒不僅可以恢復身心健康，也可以讓自己的大腦休息、發揮更好的能量與創意。我國人的工作時間是很長的，隨著時代的進步，許多人已經不再恪守以往努力工作不休息的習慣，願意花費時間做休閒或休息，讓自己的身心在充電之後，可以重新面對生活；加上目前旅遊業發達，可以停下腳步，花些時間去看看周遭世界，也讓自己可以增廣見聞、心胸更開闊！

　　適當的休閒活動也包含花時間給重要他人或家人，因為重要的支持網路是心理健康的重要磐石。工作雖然是成人世界的重點，但是不應該擠壓正常的生活。心理學家佛洛伊德提及人生三要是愛、工作與玩樂（play），現實學派的葛拉瑟也說人類的五大需求包括生理與存

活、愛與被愛、有權力、自由與玩樂（fun），玩樂可以說是調劑生活的休閒活動，有適度的玩樂與幽默，才能恢復體力、心力與創意，重新投入工作中。玩樂也可以激發創意，有諮商師喜歡看動畫，許多的新鮮點子也因此源源不絕。

心靈小站
列出優先次序的考量可以：按照時間允許程度、按照急迫完成先後、按照簡易或複雜處理程序、按照自己能力所及順序、按照自己喜愛或不喜歡、按照他人要求先後等來思考安排。

4. 遠離三C產品、多參與活動或嗜好

現代人的生活似乎無法脫離三C產品，治療師也不能置身其外，然而若感受到自己受到手機或電腦的掌控，常常不自覺地去檢視，或者是手機不在身邊就會焦慮難安，或是若不看手機就無法知道下一個行程或該做的事項，這可能就是上癮的徵兆。科技是人類所研發，理應受制於人類，然而我們卻目睹許多科技便利帶來的後遺症。雖然許多的科技是為了方便（因應人類的「惰性」）而研發，然而太過便利的生活也會讓人懶於思考與行動，反而未因此而受益。於是，開始有人倡導簡單生活，回歸以往需要使用體力的活動，用來一滌身心！諮商師平日要聯繫當事人、做個案紀錄、蒐羅資料或做研究，與電腦或手機接觸的機會更多，久而久之，頸椎、坐姿、視力、健康等等都受

到不良影響，因此除非必要，養成良好的三C產品使用習慣（如就寢前一個半小時不使用手機、電腦或電視，以免影響睡眠品質；每天晚上十點關機休息；隔一段時間才去檢視一下LINE或臉書；用餐時間專注於用餐等）就非常重要。積極面向上，可以多從事需要體力的活動，減少在手機上玩遊戲的機會，也藉此沉澱與安頓身心。

　　諮商師除了自己的工作外，平日的生活也不忘讓自己過得更愉悅或充實，培養或從事自己喜歡的事務，參與一些活動、可以與大自然或人接觸，甚至花時間與自己相處，也都是讓自己可以儘快恢復活力、身心康健的重要因子，同時還可以暫時擺脫人事與科技的紛擾、獲得解脫。

5. 良好的人際關係與支持系統

　　良好的人脈或人際關係，是個人不可多得的資源之一。有時候找個人訴訴苦或是諮詢一下看法，至少可以減少焦慮，甚至可以獲得解決問題的靈感或方式。我們一般的生活或工作，也都需要與人互動或合作，有良好的支持系統或網路，不僅在心態上不會感覺到孤單或無助，也會較有能量感。雖然諮商師需要遵守專業倫理與法律，不能談到有關處理個案或團體的事件，但是自己的私人生活或是受到影響的部分不在此限，偶而脫離自己的專業同溫層，與一般生活中的朋友碰面聊天，也會有不同的收穫，畢竟工作只是我們生活中的一部分、不是全部，要關照自己生活上的其他面向，也不要讓自己脫離人間世

事，可減少孤獨感。

6. 給予自己空間與時間獨處

　　男性以工具性導向為主，因此問題一來、就是要去解決，所以許多男性寧可自己獨處一段時間去沉澱與思索可行之道，而女性則是以關係導向為主，若是遭遇到問題，可能先找三五好友談談、發洩一下情緒，也許聽聽他人的意見，然後再去解決問題。有些時候，不管性別都需要有自己獨處的時間，可以隔絕外面的干擾、好好面對自己，此時思慮會較為清楚，情緒上也較少焦躁。「獨處」其實就是花時間與自己相處，我們是最貼近自己的人，但是卻很少花時間給自己，總是忙著手邊的事，忘了傾聽自己的聲音與需求，這也是為何有心理學者呼籲要照顧我們自己「內在的小孩」（the inner child）之故。

　　諮商師每天都承接當事人的痛苦，倘若將這些痛苦帶回個人生活裡，很容易就不堪忍受或崩潰，這就是「專業耗竭」。治療師每天面對人，雖然從與人互動中得到許多酬賞，希望對他人有幫助，但是偶而也需要離開人群，給自己一些喘息的空間，因此治療師很需要自我的空間與時間，用來協調自己的身心狀態。不少諮商師喜歡去登山健行，與大自然共處下有許多領悟與感受，或是自己獨自去旅行、接觸平日無法接觸到的人事物，或者去畫廊參觀、瀏覽不同人看世界的方式。

7. 正向思考及培養挫折忍受力

　　正向思考就是抱持希望感與幸福感，維持樂觀想法或轉念，不是自我灌輸式地一面倒向負面、悲觀的想法或預期結果；而挫折忍受力也與情緒智商及成就有關，挫折忍受力越高者，其情緒智商也高、不容易衝動或被激怒，也會較願意花時間去思考可行之道，因此其成就越高。正向思考不會讓自己陷溺在憂鬱、負面情緒裡，懷抱希望時通常也較容易思考清楚、讓人親近（資源自然就會過來）。俗話說：「快樂過一天、難過過一天，都是過一天。」暗示著個人是有選擇的權利的。挫折忍受力基本上會隨著生命經驗慢慢提升，不再執守於單純的價值觀或看法，也更體諒不同人物的生命辛苦與美麗，將凡俗之事「看淡」並不是不在乎，而是有更大的涵納空間與思維，體恤悲憫人性。

心靈小站

心理學者Sonja Lyubomirsky（2007）提出正向思考的積極做法：

- ・心存感謝。
- ・時時行善。
- ・品嘗樂趣。
- ・感謝生命中的貴人。
- ・學會體諒。
- ・珍惜身邊重要他人。
- ・自我照顧。
- ・面對與處理困境。

7-8 逐字稿訓練與收穫

在以往傳統的諮商師訓練中，逐字稿是很重要的一個部分，錄音錄影也是。基本上，教師會要求學生將諮商的片段或者全部、錄音／錄影的片段或全部謄寫成逐字稿，然後在督導時間之前，先交給督導過目或瀏覽，接著在督導時間，督導會就逐字稿內容以及整個流程做詢問，實習生需要哪些事情由督導做回應，或者是督導自己會統整地告訴受督者哪些部分做得不錯、哪些情況可能有別的做法，甚至先讓實習生做歷程回顧，然後請受督者提出自己想要進一步了解的部分或疑問，有時候督導也會在逐字稿中看見實習生需要注意或處理的習慣或自我議題。

然而在實際情況下，督導不一定有時間看完或閱讀受督者每次晤談的錄影或逐字稿，事實上實習生本身可以撰寫逐字稿及重聽／看錄音或錄影的部分，來進行自我督導。在撰寫逐字稿的過程中，會給實習生一個很好的機會——重新看自己在整個晤談中所說的話、所做的處理、當事人的回應等等。一般說來，實習生會很清楚知道自己有哪一句問話若重新問一次或有不同的問法會更好，而且可以從聆聽整個晤談過程中，更了解當事人所要表達或沒有表達的情況，以及自己可能疏漏的部分。倘若無足夠時間做逐字稿，也可以用回溯方式將晤談重點做摘要或筆記，藉此回顧自己在晤談過程中的情況，也是不錯的反思與改善方式。

　　現在有些督導會順應學生的情況，較少要求學生做逐字稿，這也是我們擔心的危機之一。許多督導在自身的訓練過程中雖然被嚴格要求逐字稿的撰寫與檢討，但卻不一定能夠對實習生有同樣的要求，或者是駐地督導擔心學生負擔太重、認為理應由在校督導做逐字稿的要求，導致學生缺乏這些基本訓練。現在撰寫逐字稿已經有許多輔助器具可資利用，督導們不必擔心會讓學生太辛苦，站在培訓更有效能的諮商師立場，嚴格要求才是品質保證！

第八部分

從這裡開始

8-1 實習生最常遭遇的問題

　　實習生在進入諮商現場時容易犯下一些常見的錯誤，而這些都需要注意與覺察，才容易做改善，不必擔心做錯，但是也要預防不知或刻意之錯誤。治療師在實務上碰到的困難可以分為三種：（一）短暫的（transient）困難——因為能力的缺失，不知道做什麼或如何做；（二）範典（paradigmatic）的困難——個人個性或特質的問題；（三）情境上（situational）的困難——主要是因為特殊的病人或者是情況所導致。短暫的困難需要增進自己的專業知能、加強訓練，以及增加更多的實務經驗；情境上的困難則需要去容忍、支持以及接受；而範典上的困難，則需要增加自我的覺察以及對於反移情的檢視（Schroder & Davis, 2004, cited in Norcross & VandenBos, 2018, pp. 62-63）。許多實習生在尚未了解當事人求助脈絡與關切議題的前提下，就急著下診斷、做建議，甚至期待當事人做改變，這樣通常會嚇壞當事人、也容易造成當事人的流失。改變對任何人來說都不

容易，實習生在諮商師養成訓練的過程中應該也會發現這一點，因此將心比心，協助當事人去檢視曾經使用過的方式與其成效，看看可能的阻礙在何處，或許就可以慢慢建立改變的勇氣與信心。要記得調整適當步調、慢慢做改變，才不容易功虧一簣；治療上會注意「復發」或運用「限制改變」的技巧，主要就是防範太快的改變而讓當事人失敗。

依據Corey 等人（2011/2013, p. 45）的臨床經驗，發現實習生容易遭遇的問題有：

1. 想教導別人應該做些什麼——在未明瞭當事人的情況下，太早給建議或要當事人改變，就犯了諮商大忌，容易造成當事人早退或太過依賴。

2. 希望解除當事人所有的痛苦——諮商師不忍當事人受苦，也將自己的任務放在解除當事人的痛苦上，基本上是將當事人的困難看得太簡單與輕易，也是不相信當事人有能力的表現。

3. 想快速解決的需要——諮商師沒有耐性，企圖將當事人的痛苦快點結束，容易犯下未了解事情全貌就下處方的危險，況且當事人不一定準備好要解決問題。

4. 害怕犯錯——實習生太在意自己做得對不對，所以一舉一動都受到掣肘、不敢挑戰或問重要問題，導致諮商停滯、當事人流失。

5. 被認同與被接納的需求——實習生擔心自己在當事人面前的形象，或是擔心當事人不喜歡自己，所以會想要討好當事人，也過

度注意當事人的表情與表現，不敢將治療帶到更深層，這也與實習生自我議題有關。

6. 對當事人的改變傾向承擔過多責任 —— 諮商過程中會看到責任的轉移，基本上在治療初期諮商師承擔較多責任，但是慢慢地應該要讓當事人接手，因為是當事人需要將在諮商中所學運用在自己的生活中。

7. 害怕傷害當事人，即使不是故意的 —— 實習生很擔心自己用詞不當或做了哪些動作，讓當事人覺得不舒服或是傷害了當事人，雖然助人專業以「不傷害」為首要責任，然而也需要與當事人一起冒險、面對挑戰，若擔心會傷害當事人，除了適度的同理，不妨先問問當事人或對於可能的傷害（如新技術或療法）做說明。

8. 不願意承認當事人的議題可能與自己的生命議題有關 —— 實習生的自我覺察不足是主因，同時也未對自我議題做深入探討或解決，將這些未竟事務帶入治療場域，不僅會妨礙治療進行，也可能會傷害到當事人。

　　國內專業人員發現實習生最常見的問題，包括的面向從接案到督導（林家興，2009, pp. 126-129）：（一）案量不足或案量過多；（二）紀錄撰寫不出來或撰寫過度詳細；（三）在進行諮商時，實習生過度緊張或沒有情緒；（四）諮商過程中，諮商師對當事人發脾氣，未能做好情緒的自我管理；（五）與當事人的界限模糊不清（關係太冰冷或太融入），未能與當事人保持友善的專業關係；（六）督

導太忙、沒有時間督導實習生，或者督導不信任實習生，過度監控實習生的舉止；（七）實習生與督導因為個性或治療理念不同處不來，實習生有困難不敢求助督導或不接受督導的建議；（八）實習生被當事人指責、羞辱或拒絕，影響接案的信心。

多年來我們在學生實習現場與督導的討論及觀察，都發現有以下情況的學生很難完成實習，也是諮商師培育工作中最難克服的部分：自我知識貧乏（對自己認識不清）、低挫折忍受度、個性問題（通常是太內斂、害羞、被動式攻擊者），以及有未解決或不願面對的自我議題（如失落、傷害、親密關係等），其中個性與信念的部分是最難在短時間內有所改進的，很容易干擾實習生的生涯展望。

除了以上臚列的觀察之外，最近幾年不管是兼職或全職實習生，也常被機構或督導提醒以下的情況：

一、待人接物態度不佳

許多實習生在實習的過程中，會將自己當作「過客」而非實習機構之一員，也不太理會督導或是機構中其他職員的看法或建議，像有些實習生在穿著以及待人接物上有很大的問題，穿著太暴露、草率或隨便，有些還穿拖鞋來上班，有些實習生以為自己是諮商師很了不起，這些傲慢也都會展現在他／她對機構的其他同僚或者是當事人身上。

有些諮商實習生在實習機構裡面，不認為接待的工作是自己的服

務項目之一，甚至鄙夷這樣接待性質的工作，往往就是被動地坐在座位上、做自己的事，有人進入輔導室（或諮商中心）或是在附近張望，他／她都認為是其他人該前往迎接或招待，嚴格說來，這也是輔導行政之一。許多潛在當事人好不容易鼓起勇氣進入諮商中心，卻發現自己沒被看見或是理會，該是多大的打擊？接下來會不會走進來、尋求協助？我們常說諮商不是獨立在諮商室裡工作，而是需要連結資源、了解當事人在地的文化環境脈絡，況且我們目前對於諮商的普羅化還需要努力，因此不管諮商師的治療型態或個性如何，伸手（reach out）給當事人或走出諮商室是必要的。

二、積極度不足

實習生對於自己工作文化、政策、規範、人士與資源等不了解，也不想積極融入，進入機構或學校實習常常處於被動立場，少數課程（兼職）實習生抱持著「有個案就過來接」的心態，甚至只是以滿足時數為最大考量，不僅失去了對當事人環境脈絡的了解、做出錯誤策略，還變得孤立無援。

不管是在校或駐地督導，都希望看到實習生的進步，而表現出積極主動的態度，也展現了自己對於助人的熱情。助人脫困的熱情很容易消耗殆盡，因此要維持熱情並持續在專業路上走，還需要堅持。實習生的積極度還展現在對於機構內事務是否願意幫忙或協助上，有些實習生將自己工作職責劃分得非常清楚、有些則是一概接收，這是兩

個極端，因此評估自己可以協助的為何、不要畫地自限。督導們也會注意實習生平日與同儕或機構人員相處的情況，通常互相幫忙就是最好的指標，此外若有新的企劃或活動，實習生願不願意嘗試或承擔責任，也都看在周遭人的眼裡，這些不僅影響實習生之個人印象、專業聲望，也對其未來諮商生涯有極大影響。

三、對於專業不進修

有些實習生的起跑點不足，在實際實習時會遭遇許多不順或困難，但是只記得責怪他人，卻沒有反思自己在專業上的基本備配，或者是惑於「諮商師」的頭銜，以為諮商是在「諮商室裡進行」，完全自外於其他相關處室與資源。專業賦能的部分只能靠自己，學校老師或督導會提供建議或給予方向，但是實際去耕耘、紮根的還是實習生本身。有些實習生認為只要經驗值增加，自然專業程度也會跟進，這個想法只有部分正確；也有許多諮商師是不進步的，當事人有許多情況需要諮商師與時俱進的陶冶、繼續教育，才有可能提供更好品質的服務。

曾有一位實習生帶領團體一律採用牌卡，也不清楚自己為何要使用這些牌卡，參與成員是自己系所的學弟妹，多少受過專業訓練，將疑慮報告系所教師與該生之駐地督導，督導詢問學生牌卡之用途與團體目的之關聯，他自己也說不出，以為所謂的「團體」就是催化大家發言而已，真是令人啞然失笑！

四、只在諮商室裡做諮商

　　實習生誤以為諮商就是在諮商室或輔導室內完成，以兼職諮商實習生來說，往往是有案子才到機構來，完全像個「外人」或兼差者，自然無法融入機構文化，增加自己實習與專業進步的困難度。兼職實習需要滿足的時數較少，實習生通常是用兩個週間的半天到機構實習，但最好是騰出另一個多餘時段可資運用，也可以在機構有不時之需時傾力協助。現在因為許多機構都提供了行政督導，因此實習生較清楚哪些事務是需要協助或完成的，也願意提前或是多花時間待在實習機構，不管是做活動計畫、接案準備或記錄，也都可以讓自己有充分時間、不需趕場或焦慮。實習生在機構實習可以走出辦公室，多花時間與心力去接觸所在地的人事物（當然也包括服務對象），清楚在地可以運用與連結的資源為何，必要時就可輕鬆上手，不要因為陌生或害怕，把自己的活動加以侷限，也就是諮商需要走出去。

五、紀錄過晚繳交或有所缺漏

　　凡是個案或團體紀錄，有些實習生即便手邊沒有其他事，也不會在第一時間將紀錄做好，總是要等到幾天過後，才努力回溯，這樣子的紀錄不免有所缺漏或不完整。團體紀錄是更容易被拖沓的，但是團體進行的細節在稍後回顧時卻較容易漏失，諸多團體需要處理的狀況也因此被忽略或遺忘。有些實習生會因為督導發回紀錄的時間較長，

認為督導可能沒有時間看紀錄，所以也就拖延下去，有時可能同時繳交太多份、督導要看完的時間更久，還曾有人在實習結束後還在補紀錄的，這當然不值得效法，而且諮商紀錄也有助於諮商師在下次晤談或帶領團體時回顧與計畫接續下來的處置方向及方式，以上的情況也會造成諮商師接案較多時產生失誤。紀錄最晚宜在當天做完，可協助諮商師計畫下一次晤談的內容與方向，並將當次晤談的闕漏做思考或補足，倘若撰寫紀錄時間延宕過久，這些考量都可能無法顧及。

8-2 其他實習相關問題

一、學生該先見習或訓練後才能夠接案嗎？

之前我們系所也在學生實習前特別安排了一門「見習」課程，但是每位授課老師對於「見習」課程的認知不同，有帶學生去機構參觀的、也有要求學生可以參與觀察諮商師接案，後來是因為許多諮商師並不願意讓學生在一旁觀看，或者當事人認為不妥，所以最後只能取消這門課程。

我們也發現有些駐地督導非常小心（也是為了保護當事人），會堅持讓實習生先在現場觀察幾次並與督導做討論之後，督導才允許其開始接案；還有非常有心且負責的督導，會利用實習生開始實習的前一個月做訓練，讓學生可以在準備較妥當的情況下再接案，這些都是

讓我們非常感激與感動的督導。當然，站在駐地督導的立場是要保護與維護當事人（或學生）的，以這樣的考量出發合乎倫理，也非常專業。但若有些督導執意這麼做，卻沒有考慮到學生實習時間有限，甚至有滿足時數的急迫性，可能就需要在接實習學生之前先做好溝通，再做決定。

二、學生可以接初次晤談嗎？

　　實習學生是否接初次晤談通常由機構決定。有些機構會讓實習生試試，有些可能礙於其他考量（如需要進一步派案、同時做評鑑或該機構一向由個案管理師負責等），不一定會讓實習生接案；有些實習機構會做另一種方式的安排，像是讓實習生擔任初次晤談的觀察者，這也是訓練的一種；有些機構是讓實習生接初次晤談，但是有督導在一旁協助，等到實習生較熟練了，才放手讓實習生接手。倘若機構無特殊規定，我會鼓勵實習生自告奮勇接初次晤談，當然自己先去了解與練習初次晤談的程序及注意事項，可以讓自己更容易上手。實習生接初次晤談有許多益處，一來練習初次晤談的整個過程與技巧，二來有機會對當事人的議題做初步診斷或進行派案，三則因為當事人通常不願意將自己的故事重複敘述，因此若要當事人選擇諮商師，擔任初次晤談的實習生就有極大機會接案。

三、給實習學生的案子應該經過篩選嗎？

　　一般提供實習機會的機構或學校，會注意到本身服務對象的福祉（如學生或病人），不輕易讓實習生接案，有時候要經過一段時間的訓練或是由督導或個案管理師篩選之後才派案給實習生，有些實習生則是接手督導晤談的案子，因此情況不一而足。案子若經過篩選，可能是考量實習生的能力與準備度，是爲了保護當事人與實習生；若個案沒有經過篩選程序，並不是說機構不負責任，而是基於每位諮商師都應該要接觸不同的案例，才能讓自己的專業知能更進步，也是實習生建立專業自信的重要里程碑。較審愼的專業督導會評估實習生的能力與之前所受的訓練，而派給適當的案子。

四、實習學生帶團體或做個諮，督導要在旁邊看嗎？

　　若干督導在實習生接案的初期或是讓實習生接手自己負責的個案時，會同時在晤談室中出現，主要是觀察與協助實習生，通常過一段時間，認爲實習生可以慢慢獨力接案了，就會放手。有些實習機構在實習生帶領團體時，督導會協同帶領或在一旁觀看，實習生當然會覺得有另一層壓力，但好處是有督導做靠山，進行起來較不用擔心犯太多錯、無法彌補，當然若督導涉入或指導過多，也可能會影響實習生學習的機會或自信。

　　督導在一旁觀看，初心是希望可以及時協助，同時顧及參與成員

或當事人的福祉。不少實習生進入高中或國中小實習，但是之前沒有受過班級經營的訓練，因此很難讓班上成員有較平等的機會參與或發言，甚至在班級或團體內出現問題時，無法及時做出有效處置，督導就可以適時介入、化解危機。大學部同學基本上會進入國小或國中實習，班級輔導與諮商團體就是很重要的實習項目，因此學校通常會讓兩或三位學生一組進行實習，這樣在進行活動時可以彼此關照與協助（像是在團體進行中有位學生突然情緒暴衝、跑出教室，其中一名實習生就可以追出去了解學生的情況，並將其安全帶回教室或活動場地；或是團體成員出現狀況，實習生無法處理，可以找督導或相關人員來協助）。對於初次面對學生族群的實習生，我基本上會要求督導在一旁觀察與協助，一來可以安頓實習生的焦慮，二來也可以對參與成員有約束效果，但督導若覺得實習生已經可以處理，就不需要隨時在側。

五、所謂的「協同領導」如何進行？

協同領導應該就是兩位領導者分攤相等的責任，因此不應該是「主」、「副」（配合）之別，不管是團體設計理念、過程，或是事後檢討，也都需要彼此緊密合作與溝通。在前面已經提過協同領導的責任與工作分攤、協調，在實際臨床現場上較容易出現問題的也是協同領導間的配合。不少實習生是兩人一組帶領團體，他們基本的分工都是輪流式帶領，也就是各自設計一次團體內容，另一位就在現場出

現，看自己能幫什麼忙而已，這樣根本無實質協同領導的意義，也會影響團體氛圍與凝聚力。協同領導是彼此自始至終都是合作與協調的關係，從最初團體的整個計畫、到團體進行前後的討論與修正、團體進行中的配合，一直到團體進行完的評估與檢討，都是積極全程參與，更謹慎的協同領導者會事先了解彼此的帶領風格、擅長的部分，帶著願意從對方身上學習的心態，並願意接納不同、為共同目標或服務族群一起努力。協同領導不易，家族治療中也有協同治療師的搭配，有些議題（如性別、親密關係）等，若有兩位領導者帶領（或許是異性或同性），可以讓團體成效更彰顯。兩人要形成合作無間的團隊不易，但是可以將此當作努力目標，在不同主題中一起帶領團體成效甚佳，因此不妨從實習開始！

六、正式諮商團體不能成形該怎麼辦？

倘若是在中小學或高中，諮商團體較容易成形，或早已有每學期固定要進行的團體（如社交團體、新住民子女適應），但是團體進行的情況或效度則不一。有些地區（如大都會區）的機構較無團體成形的問題，但是其他縣市的心理中心（含公私立學校），通常要成立諮商團體，都有其難度。因為團體需要成員做一定時間的承諾，但是有些機構或學校（如大專院校）的成員無法做出這樣的承諾（如每週四晚上三個小時、連續八次），況且中間一定會有成員遲到、請假或流失，嚴重影響團體動力與其他參與成員，該怎麼辦？

　　實習生在大專院校若帶領團體，成員大概在八至十人左右最佳，議題可以從自我成長、親密關係、情緒管理到生涯決定，不一而足，但招徠潛在成員似乎都有相當難度，儘管實習機構或學校已經努力祭出誘因（如加分、給予獎狀證明、小獎品或抽獎、免費午晚餐等），都還不足以吸引足夠數目的學生參與。有些大學院校本身有輔導諮商系所，通常不需要擔心參與人數（因為是課程訓練的一部分），但是其他型態的學校或心理中心，可能無法讓成員承諾一段時間參與團體，因此就創發出其他一些「方式」，滿足實習生帶領團體的需求（像是一天的工作坊、幾個半天的團體等），然而這樣的「替代」方案是否能夠培訓出有團體領導能力的準諮商師，還需要進一步探討。

　　許多大專院校學生對於諮商團體有許多迷思，因此建議實習生不妨在進入實習機構之後，積極進行與服務族群的第一類接觸（如小型心衛推廣或班級輔導），讓潛在當事人可以認識實習生，那麼若邀請其進入團體就不是問題，當然還是要先了解潛在服務族群對於哪些議題有需求。

七、督導是兼職心理師，可以擔任督導嗎？

　　基本上實習生的督導我們不建議讓兼職諮商師擔任，最好是在該機構工作的全職諮商師，一來督導較清楚該機構之文化與服務族群，二來督導與該機構成員的關係較緊密（若實習生有需要，容易詢問與求助），三是若有緊急情況，督導可以立即協助或連結資源，此外，

督導也可對實習生工作有較爲全面的觀察與監控、了解實習生的能力，以上這些是兼職諮商師不能做到的。通常兼職諮商師是有案子才來，會讓實習生覺得自己雖然是受督者，卻在機構內孤軍奮鬥而感到不踏實。有些私人機構因爲實習生較多，機構內的全職諮商師難以應付所需，因此會將有些實習生分派給兼職諮商師，實習生就要有相當的準備（如對於突發狀況可諮詢對象是誰）及補充現場督導不足（如同儕督導或另聘督導）的因應之方。近年來有實習生會顧慮到督導費用的問題，有些實習機構並不提供督導費用（尤其是兼職諮商師擔任督導），因此實習生爲了省錢，就會堅持找到提供督導費用的機構，卻沒有將自己未來要服務的對象與工作機構列入考量，一切便宜行事。

八、若機構要我另聘督導且額外付費，是可以的嗎？

許多機構不一定會爲實習生付督導費，除非該駐地督導是機構成員之一，要不然學生被分派的督導是兼職諮商師，當然就需要自己掏腰包、付督導費，有些督導即便是在機構內服務，但另外花時間做督導，也可能會另外收費，這些都需要實習生在未正式進入機構實習前問清楚，通常也是系所要求學生要找有專職諮商師機構實習的原因之一，除了在緊急情況發生時有督導可諮詢或協助處理，另外就是額外付費的問題。有些學生會希望某些理論取向的督導擔任自己的駐地督導，因此就需要額外花費；若是費用太高，也可以與同儕合作、一起

聘用督導，大家分攤督導費用（形同團體督導）。

九、實習期間若因意外或事故，造成實習時數不足該如何？

　　曾經有碩三實習生因為一場車禍，休養近兩個月，結果與機構的實習契約結束時，時數嚴重不足，當時實習生希望留在該機構繼續實習，但是該機構經過討論後不想延長實習時間，該實習生非常恐慌、擔心無法考照，經由在校督導與該機構人員討論之後，問題獲得解決，當然也明白該機構對於實習生的表現非常不滿意，才會有不願意延期的決定。這真的也提醒實習生：自我照顧是非常重要的，同時實習時態度積極主動也很關鍵，要注意人際關係的經營。

　　實習生往返實習機構的交通，甚至是外展服務，都要注意自己的安全，萬一有病痛或意外發生、家中有緊急事務，也都可能影響到實習項目與時數，因此我們常常勸告實習同學：不要只是滿足基本時數就可以，可以的話多做一些，一來預防萬一身心受傷或不能繼續補足實習時數，二來可以增進自己的實務知能，何樂不為？

十、實習期間與督導理念不合該如何？

　　有些實習生真的表現太差了，加上有個人議題未處理，結果就在碩三實習時被督導勒令停止實習，但是實習生不願意承認自己的失敗，還想另找機構實習。只要他/她找得到實習機構與督導，系所基

本上不會阻止，然而若駐地督導眞的認爲實習生知能不足、無法完成實習，或者是讓其實習成績不及格，通常在校督導／任課教師也會尊重駐地督導的意見。即便駐地督導認爲學生的準備度是遠遠不足而當掉學生，但有些在校督導仍舊高抬貴手、力保學生，我們也發現駐地督導通常是正確的，因爲這些「被退貨」的學生最後都考不上執照或是無法勝任工作。不管是在校或駐地督導，都希望養成學生有足夠的知能、踏上諮商專業之路，況且督導都有社會責任──要讓社會大眾享受到有品質與效果的諮商服務，因此對於實習生養成負有重大責任，不應讓不夠格的準諮商師進入職場。

實習生在實習開始前需要先到機構去了解未來的工作環境、項目與職場文化，也要針對工作做預先設計或計畫，同時要與督導詳談，了解督導要求與評估標準，因此較少有彼此理念不合的情況。若是有，可能就是辦事優先次序與程序或是督導時間的作業及配合度問題，極少的情況下是駐地督導與實習生價值觀與理念差距太大，然而都可以做適度調整，因爲我們基本上會鼓勵學生與不同的督導學習。倘若實習生與駐地督導眞的無法持續合作下去，當然也要爲學生的實習著想、看看有無轉圜的對策？最後也需要考量更換督導。

十一、雖然系所建議學生在不同機構實習，但是若兼職與全職實習機構都在同一處可以嗎？

學生選擇實習機構基本上是希望可以充實自己的實務知能，同時

做未來生涯之準備，系所會希望學生在兼職實習時選擇不同機構實習，這樣可以拓展自己服務族群與能力，倘若學生只在同一機構實習，那也是學生需要承擔的責任與後果，系所不會強制或干預。系所教師會請實習生針對自己未來服務機構與對象做思考，然後考慮實習機構之選擇。近年來，許多學生不是以自己未來生涯發展為考量，而是一來待在原機構，自己對於該機構之人士與行事方式較熟悉，二來有些機構也會考慮到實習生的能力，是否對該機構可以有持續的幫助，當然實習機構也希望不要花太多時間與精神重新訓練實習生的相關處事方式與規矩，因此會希望實習生繼續留任。換句話說，最終做決定與需負責者仍是實習生本身。

十二、只求時數完成，卻不能保證專業能力的養成

近年來發現有些實習生只求實習時數的完成，卻沒有注意到實習內涵的重要性。像是帶領諮商團體是實習項目之一，但是有些督導或實習機構只能提供訓練或單純的教育（知識或技能的傳輸）團體，實習生就少了體驗整個團體過程及動力變化的機會，當然也就影響其團體帶領能力（如做彈性調整、處理團體內出現的各種狀況）。儘管諮商師培育機構會強調或提醒實習生，但是實習生有自己的決定與選擇，就該承擔起責任。諮商師培育機構當然希望學生可以朝積極的方向努力，不是以消極滿足時數為目標，但是學生有自己的主見與決定，當然需要自己負責，未來也受到市場機制來裁決與淘汰。

　　實習是諮商實習生最重要的養成階段，許多學生在進入實習現場之後，才恍然大悟之前課程訓練階段的重要性，因為沒有這些基礎做前導，學生在實習現場要將理論與實務做結合是非常困難的，尤其在接案、進行團體後，駐地督導通常是第一個發現與提醒的人，然而是否可以做有效補足或加強，則不是督導一人可以為之。歷年來我們的觀察心得是：願意多學多練功者，自然更快上手！

十三、實習機構所提供的實習項目時間不足，可以在其他機構補足嗎？

　　這其實牽涉到選擇實習機構時的決定。不少實習生（特別是兼職實習生）因為擔心提供實習機構的名額不足，因此常以「上了再說」的心態處理，沒有更深一層的考慮或詢問任課教師的意見，導致後來自己必須要因應機構的要求到附近學校或社區進行外展服務補充時數。這裡會出現至少幾個問題：督導算誰？是實習機構中原先的專業督導，還是學校或社區的輔導教師或某位人士？誰來監督實習生的工作品質與時數？交通費用（包含汽油費）或是意外保險誰付？倘若實習生對於所服務族群（如兒童）缺乏訓練，可以放手讓他／她去嗎？時數若不足，在校督導與駐地督導就要好好事先商議，要不然等到實習中後段才發現，要做彌補動作就更難。實習手冊中都有實施測驗的時數，有些機構沒有測驗項目、該如何滿足？便宜的做法是讓學生參與同儕實習機構的測驗施測，但是又牽扯到同儕實習機構是否同意？

若需施測前受訓，同儕實習之機構又沒有義務提供此項服務。有些學生甚至以測驗方式招徠潛在當事人，這樣的做法也有爭議。實習生最好先與授課教師討論，並研商可以補救之方式。

8-3 給實習生的叮嚀

一、不要怕犯錯

新手諮商師當然有犯錯的權利，同時需要儘快做彌補或修正動作，「當他們發現自己這些錯誤是可以彌補的，就會開始把治療做得更好，也更享受這份工作」（Teyber & Teyber, 2016/2017, p. 17）。新手諮商師的焦慮之一就是怕犯錯，也因為在認知上希望自己是十全十美的，所以有時候該做的處理沒有做，甚至讓自己過多的焦慮阻礙了治療關係的發展與治療效能。不管是駐地督導或是在校督導，都希望學生能夠經由實習的經驗讓自己更進步、更能獨當一面，成為一個有效能的專業助人者，因此會容許實習生犯錯，然而也經由督導的觀察、教育與引導，讓實習生可以從犯錯中學習、儘快修補自己的錯誤，而不是為了逃避錯誤而限縮了自己的學習。

一般說來實習機構通常不會讓兼職實習生擔任初次晤談，而是讓有經驗的個案管理員或諮商師來進行初次晤談的工作，因為接下來可能要分派個案，但是有少數機構，還是願意放手讓實習生來試試初次

晤談，只不過在一般諮商研究所的課程內沒有初次晤談的訓練，因此有些兼職實習生會擔心自己在初次晤談中的表現或準備不足，不知道要問哪些問題。實習生大可不必慌張，有制度的實習機構通常會有制式的初次晤談表，或讓有經驗的諮商師帶領／協助，甚至有些還會詳細列出一些該問的問題來讓諮商師 收集當事人的相關資料，因此實習生就可以依據這樣的表單、問題，來進行初次晤談。實習生進入實習機構之後，要將自己當作機構的正式員工，有任何可以協助的部分都積極去做或爭取，態度一定會讓人印象深刻。不怕犯錯的同時，也要有勇氣承認與承擔錯誤及後果，立即反思以改進。

二、願意下苦功者得勝

儘管3C現代人與以往傳統「穩紮穩打」的基本功概念價值觀有異，但是要在自己專業上崢嶸頭角，還是得回歸到基礎功夫的紮實程度。諮商師訓練課程中，授課教師會有許多要求，包括演練、角色扮演、錄音錄影、撰寫逐字稿、討論與團督，不一而足，學生通常叫苦連天，然而這些要求背後都是很真誠的期許與擔心。不管是授課教師或駐地督導，往往會將自己在受訓過程中最有幫助的訓練方式保留起來，以同樣的作業或訓練模式來要求準諮商師們，主要是希望專業的傳承是有意義且源遠流長的。沒有人天生是諮商師，不怕吃苦、願意持續進修的諮商師通常承受得住市場機制的嚴格篩選，況且天下無白吃的午餐，因此往往是下苦功者得勝！

三、樹立專業形象

　　同學進入實習機構，事實上也就是開始樹立自己在業界專業形象的起點，即便通過了諮商師資格考試，開始有了執業證照，但是若要申請到不同的機構就職與服務，許多機構爲了審愼起見，還是會回頭來詢問學生實習過的機構或就讀的學校與督導，因此態度積極與否就是決定實習成效很重要的一個因素，同時也是業界在評估這位諮商師專業知能、僱用與否的重要條件。

　　許多同學也有野心，想在取得諮商師執照之後就擔任行動諮商師，認爲這樣比較自由，但是需要先在選擇實習機構時就考量自己未來想要執業的場所或地區、想要服務的對象，這樣子就較容易累積相關經驗，未來在職場較有競爭力。倘若希望自己成立諮商所或是成爲行動諮商師，都需要在實習時開始建立專業形象，不管是待人處事或是接案效果，都是未來同行轉介案子給你／妳的重要參考。行動諮商師也需要先在機構待過一段時間，累積人脈、資源與專業聲望，這樣子在眞正擔任行動諮商師時，原本服務的機構人員、督導或諮商師，才有意願舉薦或是邀約進入其工作團隊。

四、勿多頭馬車同時進行

　　許多同學在碩三實習的同時，也進行論文的寫作。然而全職實習就如同正式工作一樣，必須要全心全意投入，倘若急著要將論文完

成，有時候不免會顧此失彼。若一定要同時進行又不失偏頗，倒不如在實習與論文同時進行時，給自己一個最低限度的論文進度，或許是以一個禮拜為標準，規範自己一個禮拜需要做的最低進度（不要太多或太大），而自己在日常生活中也攜帶方便的紙筆（現在有手機協助），只要是有一些與論文相關的想法或閱讀心得，也都可以記錄下來，這些都可以協助論文的完成，再加上固定與指導教授聯繫、修改論文與進行討論，這樣子論文就會如期完成。

不管是兼職或全職實習期間，都仍然要固定回到學校上課，因此不妨將自己同班同學當作同儕督導與論文支持團體，彼此之間可以有聯繫、討論以及腦力激盪的機會，而在實習或論文進行上遭遇到問題也可以彼此討論、提供協助與支持。不少諮商師培育學校在學生進入碩一時就開始有專題或論文的寫作訓練，學生慢慢跟著指導老師熟悉論文之格式、資料蒐集方式、研究方法與寫作，等到碩二時找指導老師就較為容易，因此不妨在實習時專注於實習，不必那麼迫切完成論文，因為修業年限是四年，對絕大多數學生而言是綽綽有餘，最大的障礙可能是在拖沓習慣或心理上的關卡。

很重要的是，諮商所學生有時候會將論文寫作視為苦差事，只希望完成就好，但是論文寫作與方案設計（只多了經費規劃）差不多，倘若學生在就學過程中還參與過教師或研究員主持的研究或方案計畫，自然可以多了解計畫如何規劃、撰寫、執行與評估，對於自己日後的生涯發展不啻多配備了一份能力。有些實習生可能在實習期間

就有機會參與計畫的執行，不妨多做自我推薦，當成是一項不錯的磨練，也可厚植自己實力。

五、同儕支持團隊就是未來的專業支持主要力量之一

研究生進入諮商所進修，同期進來的同學就是基本的支持團隊，在一起學習三到四年，感情應該最好，彼此慢慢也從生澀成長到圓熟。倘若有志一同者能夠成立非正式的支持團隊、花時間聚在一起，不管是做個案研討、同儕督導，甚至是個人的學習及生活分享，都是很棒的，而未來進入職場，這就是一個專業支持網路，不管是在專業或者是個人成長與支持上都相當有幫助。只是有些學生在進入研究所之後，還是會因為個性、志趣或利益的不同而彼此較勁，將一個班級打成好幾塊，甚至後來進入職場，也少有往來，這的確是一個很大的損失！我們當然不能期待同一批進來的學生都有這樣的共識，但是基本上都會誠摯提點，若錯過了這一場因緣，的確可惜！

六、增進專業能力與生活經營

沒有任何事情可以憑空獲得，尤其是專業的部分，需要許多的基本功，同時自己在臨床專業上的進修要無時無刻、積極努力。諮商所涉及的議題等於是人生的全部議題，而諮商師本身也是人世間的一員，因此任何有關人間事的一切，不管是閱讀、經驗、故事，都可以

成為我們專業及自我成長的重要養分。不少資深諮商師對於自己有興趣的議題也會進行專研，不一定是以目前運用在臨床現場者為考量，但是或許有一天可以用上。諮商師的生活經營也攸關專業上的效率與發揮，生活適意、自然就能夠全心力在工作上衝刺，況且諮商師的生活經驗也是讓專業發揮效果的重要成分。

諮商師的臨床紀錄或錄音／影，甚至接下來的逐字稿、摘要紀錄、覺察週誌等等，都是增進專業的不二法門，也是傳統培育諮商師的必要管道，只是現在的諮商師培育機構比較難要求研究生做類似逐字稿的工作。有心讓自己專業更進一步的研究生或諮商師，會維持逐字稿紀錄或者是觀看自己接案錄影帶的習慣，同時與督導持續討論及學習，不僅可以讓自己的個案概念化、處置方式與計畫等有長足的進步，更是自我反思、體會人間世事、淬鍊自己專業的重要管道。

撰寫逐字稿固然是一個艱辛的工作，但是在撰寫的過程當中，可以瀏覽自己接案的整個程序以及情況，及時發現自己做得不錯或需要修正的部分，給予自己下一次接案很好的提醒，同時可以標示出自己觀察到的一些關鍵字句和重要的情況，作為在與督導討論時的重點。其他可以促進自己專業或個人成長、豐富與填補生活空隙者，比比皆是。

諮商師考照範圍與對應科目

考試範圍	課程科目
諮商與心理治療理論領域課程	・諮商與心理治療理論（研究或專題研究） ・諮商理論（研究或專題研究） ・心理治療理論（研究或專題研究） ・諮商理論與技術（研究或專題研究）
諮商與心理治療實務領域課程	・諮商與心理治療實務（研究或專題研究） ・諮商與心理治療技術（研究或專題研究） ・諮商技術（研究或專題研究） ・諮商實務（研究或專題研究）
諮商倫理與法規領域課程	・諮商（專業）倫理與法規（研究或專題研究） ・諮商（專業）倫理（研究或專題研究） ・諮商與心理治療（專業）倫理（研究或專題研究） ・心理與諮商專業倫理（研究或專題研究） ・諮商倫理與專業發展（研究或專題研究）
心理健康與變態心理學領域課程	・心理衛生（研究或專題研究） ・變態心理學（研究或專題研究） ・心理病理學（研究或專題研究） ・心理健康學（研究或專題研究） ・社區心理衛生（研究或專題研究）
個案評估與心理衡鑑領域課程	・心理測驗（評估、衡鑑、評量或診斷）（研究或專題研究） ・心理測驗與衡鑑（研究或專題研究） ・心理評量測驗（研究或專題研究） ・心理測驗與評量實務（研究或專題研究） ・心理測驗理論與技術（研究或專題研究）
團體諮商與心理治療領域課程	・團體諮商理論與實務或團體諮商理論與技術（研究或專題研究） ・團體諮商（研究或專題研究） ・團體心理治療（研究或專題研究）
諮商兼職（課程）實習領域課程	・就讀碩士以上學位在學期間（非全職實習）之諮商兼職實習等相關課程科目

心靈小站
研究一再發現：治療成功主要與諮商師的個人特質與技巧相關，而非理論取向或治療方式（Teyber & Teyber, 2016/2017, p. 5）。

8-4 完成實習：準備走上專業之路

　　兼職實習有一學期或兩學期者，而必修的碩三實習項目與時數基本上是一學年的時間，結束實習、完成論文就畢業，正式走上專業生涯的路。實習生在結束實習前，也要與督導及機構做告別的動作，或許有些機構會繼續接受學弟妹的實習申請，因此實習生其實還背負著自己校系的重責大任——表現得好可以為未來學弟妹的實習鋪路（當然不免也會被比較），表現不佳有時候會斷送未來學弟妹在此機構實習的機會，機構與機構之間也會分享有關實習生的情況，這也不可忽視。不少實習機構接受實習生，主要是基於經驗傳承的善意、提供未來諮商師精煉專業知能的場所，當然也是讓機構多了一些可用的人力、執行相關事務，因此實習單位與系所是相輔相成的關係。系所希望與機構維持良好關係，讓實習生有所安置，機構當然也想要與學校維持良好關係，讓實習生可以磨練自己的專業，同時協助相關助人業務。

　　實習生離開實習機構是另一個需要學習的功課。帶著滿滿的期待

與祝福邁向另一旅程，懷著戒慎恐懼展開新的一頁，同時擁抱著豐富的經驗與感謝要離開所熟悉的人事物。不少實習生會記得這些道別的動作，也會表達對機構與相關人員的感謝。與督導的告別，表示一段學習歷程的結束，或許過一陣子自己正式取得諮商師證照後，在申請就職單位的同時，也需要督導的真誠舉薦。相處過都是有感情的，擔任過實習生的督導也會像以往一般獎掖後進，即便未來有需要請教督導或請其協助之處，督導當然也樂於伸出援手。

揮別過去是新的開始，在與督導說再見時，可以將督導過程做一個總結回顧與整理，將自己從督導身上所學習到與惕勵的部分做說明，並表達感謝之意。實習生未來也可能從事督導工作，也會將自己在督導中所學與需要注意事項傳承給下一位諮商師或實習生。督導在臨別時也有機會表明自己在整個督導過程中看見實習生的進步、優勢與可能的挑戰；而實習生最好與督導一起坐下來討論督導評量（表）的部分，讓督導與實習生都有機會依據評估細項做意見交換、討論或釐清。與督導或機構揮別，可能觸及實習生的一些未竟事宜或離別、放手的議題，因此藉此機會審視自己可能需要處理的部分也是不錯的。

實習生走出實習機構，是邁向專業之路的另一里程，同時也是檢視自己是否適合此一專業的時機。從這裡開始，自己就要獨立去面對許多專業生涯的挑戰，並展現自己努力成果與持續成長的人生。

參考書目

王文秀、李沁芬、謝淑敏、彭一芳譯（2003）。助人專業督導（by P. Hawkins & R. Shohet, Supervision in the helping profession, 2000）。臺北：學富。

王珍妮（譯）（2001/2002）。生與死的教育（*SEITO GHI NO KYOUIKU, by Alfons Deeken, 2001*）。臺北：心理。

牛格正、王智弘（2008）。助人專業倫理。臺北：心靈工坊。

朱羿靜（2019.12.26）。諮商實習的實務與心理準備（演說）。屏東大學教育心理與輔導學系。

林家興主編（2006）。大學諮商輔導工作實務。臺北：心理。

林家興（2009）。心理師執業之路（第二版）。臺北：心理。

林家興（2017）。諮商督導的臨床筆記。臺北：心理。

林綺雲（2004）。從社會建構論談國人憂鬱與自殺現象的隱憂。載於林綺雲、張盈堃、徐明翰著（頁186-204），生死學：基進與批判的取向。臺北：洪葉。

吳麗娟、蔡秀玲、杜淑芬、方格正、鄧文章譯（2017）。人際歷程取向治療：整合模式（by E. Teyber & F. H., Teyber Interpersonal process in therapy: an integrative model, 7th ed., 2016）。新加坡：商聖智學習亞洲私人有限公司台灣分公司。

邱珍琬（2002）。自我覺察札記在諮商師養成教育中的運用與實際。*輔導季刊，38*(3)，66-74。

邱珍琬（2007）。諮商技術與實務。臺北：五南。

邱珍琬譯（2010）。協助自傷青少年：了解與治療自傷（by M. Hollander,

Helping teens who cut: Understanding and ending self-injury, 2008）。臺北：五南。

邱珍琬（2016a）。碩二兼職新手諮商師的挑戰與收穫（手稿）。

邱珍琬（2016b）。諮商師的創意（手稿）。

屏東大學教育心理與輔導學系105學年諮商心理實習手冊（碩二研究生適用）。教育心理與輔導學系編印，105年8月。

許育光（2012）。碩士層級新手諮商師領導非結構諮商團體之經驗分析：個人議題映照與專業發展初探。輔導與諮商學報，*34*(2)，23-44。

許韶玲（2004）。受督導者於督導過程中的隱而未說現象之探究。*教育心理學報*，*36*(2)，109-125。

卓紋君、黃進南（2003）。諮商實習生接受個別督導經驗調查：以高雄師範大學輔導研究所為例。應用心理研究，*18*，179-206。

胡郁盈（2019.11.20）。同志家庭、同志婚姻。高雄女權會主辦，屏東大學心輔系性別心理學課程演說。

連廷嘉（2019）。督導基本概念工作坊。臺灣輔導與諮商學會諮商心理與學校輔導專業督導培訓課程（三）。屏東：屏東大學師院校區。

連廷嘉、徐西森（2003）。諮商督導者與實習諮商員督導經驗之分析。應用心理研究。*18*，89-112。

郭麗安（2019）。演說內容。關係促進與對話：諮商專業人員的能力提升。2019「關係、對話與療癒：助人專業工作者的挑戰」國際學術研討會暨會後工作坊。屏東：屏東大學教育心理與輔導學系。

陳增穎譯（2015）。諮商技巧精要：實務與運用指南（by S. Magnuson & K. Norem, Essential counseling skills: Practice and application guide, 2015）。臺北：

心理。

喬虹（2018）。諮商新手知多少：第一次實習就上手。臺北：雙葉書廊。

賀孝銘（2019）。學校危機處理之督導：面對校園危機處理受督者的需求。台灣
輔導與諮商學會諮商心理與學校輔導專業督導培訓課程（八）筆記，屏東大學
師院校區。

黃雅文、張乃心、蕭美慧、林泰石、林珊吟、范玉玟、賴彥君譯（2006）。生命
教育（by L. A. DeSpelder & A. L. Strickland, The last dance: Encountering death
& dying I, 2005）。臺北：五南。

黃慈音、謝艾美、楊雅嵐、陳嘉茵、林淑娥、魏心敏、林佩瑾譯（2013）。助人
工作者養成歷程與實務（by M. S. Corey & G. Corey, Becoming a helper, 6th ed.,
2011）。臺北：心理。

黃韻如（2010）。校園危機的管理與輔導。載於林萬億、黃韻如著，學校輔導
團隊工作：學校社會工作師、輔導教師與心理師的合作（第四版）（頁499-
541）。臺北：五南。

修慧蘭、林蔚芳、洪莉竹譯（2014）。專業助人工作倫理（by G., Corey M.S.
Corey, & P., Callanan Issues and ethics in the helping professions, 8th ed., 2011）。
臺北：雙葉書廊。

修慧蘭、鄭玄藏、余振民、王淳弘譯（2016）。諮商與心理治療：理論與實務
（第四版）。（by G. Corey, Theory & practice of counseling and psychotherapy,
10th ed., 2016）。臺北：雙葉書廊。

梁永安譯（2015）。當下的力量：通往靈性開悟的指引（by E. Tolle, The power
of now: A guide to spiritual enlightenment, 2004）。臺北：橡實文化。

張德芬譯（2008）。一個新世界：喚醒內在的力量（by E. Tolle, A new earth:

Awakening to your life's purpose, 2006）。臺北：方智。

楊延光校閱，施彥卿、蕭芝殷譯（2014）。校園自殺、自傷與暴力：評估、預防與介入策略（by G. A. Juhnke, D. H. Granello, & P. F. Granello, Suicide, self-injury, and violence in the schools: Assessment, prevention, and intervention strategies, 2011）。臺北：心理。

劉乃誌等譯（2010）。是情緒糟，不是你很糟：穿透憂鬱的內觀力量（by M. Williams, J. Teasdale, Z. Segal, & J. Kabat-Zinn, The mindful way through depression: Freeing yourself from chronic unhappiness, 2007）。臺北：心靈工坊。

鄭楦縈（2019.10.24）。實習不NG。屏東大學心輔系碩一專題演說。屏東：屏東大學。

鄭麗芬（2019.11.2）。兼職實習與全職實習生之督導工作坊。臺灣輔導與諮商學會諮商心理與學校輔導專業督導培訓課程（三）。屏東：屏東大學師院校區。

衛福部（2015）。「災難心理衛生教材手冊104版.pdf」。取自https://dep.mohw.gov.tw/DOMHAOH/np-333-107.html。

歐陽端端譯（2013）。情緒競爭力UP！：15個線索，讓你把事情做完、做對、做好（by D. Goleman, The brain and emotional intelligence: New insights, 2011）。臺北：時報文化。

Berg, R. C., Landreth, G. L., & Fall, K. A. (2006). *Group counseling: Concepts and procedures* (4th ed.). New York: Routledge.

Bernard, J. M., & Goodyear, R. K. (1998). *Fundamentals of clinical supervision* (2nd ed.). Boston, MA: Allyn & Bacon.

Bloom, S. L. (2000). Sexual violence: The victim. In C. C. Bell (Ed.), *Psychiatric *aspects of violence: Issues in prevention and treatment* (pp. 63-71). San Francisco, CA: Jossey-Bass.

Bolton, F. G. Jr., Morris, L. A., & MacEachron, A. E. (1989). *Males at risk: The other side of child sexual abuse.* Newbury Park, CA: Sage.

Capuzzi, D., & Gross, D. R. (1989). *Youth at risk: A resource for counselors, teachers, and parents.* Alexandra, VA: American Association for Counseling & Development.

Corey, G. (2001). *The art of integrative counseling.* Belmont, CA: Thomson Brooks/ Cole.

Corey, G. (2005). *Theory and practice of counseling and psychotherapy* (7th ed.). Belmont, CA: Brooks/Cole-Thomson Learning.

Corey, M. S., & Corey, G. (2011). *Becoming a helper* (6th ed.). Belmont, CA: Brooks/ Cole.

Cory, M. S., Corey, G., & Corey, C. (2014) *Group process & practice* (9th ed.) Pacific Grove, CA: Brooks/Cole.

Dryden, W. (1999). *Rational emotive behavioral counseling in action* (2nd ed.). London: Sage.

Dryden, W. (2007). *Rational emotive behavioral therapy.* In W. Dryden (Ed.), *Dryden's handbook of individual therapy* (5th ed)(pp. 352-378). London: Sage.

Eisenhard, M. L., & Muse-Burke, J. L. (2015). A comparison of individual supervision at forensic, inpatient, and college counseling internship sites. *Training and Education in Professional Psychology, 9*(1), 61–67. Retrieved from https://dx.doi. org/10.1037/tep0000051.

Ellis, A. (1997). The future of cognitive-behavior and rational emotive behavior therapy. In S. Palmer & V. Varma (Eds.), *The future of counseling and psychotherapy* (pp. 1-14). London: Sage.

Folkman, S., & Lazarus, R. (1985). If it changes it must be a process: Study of emotion and coping during three stages of a college examination. *Journal of Personality and Social Psychology, 48*, 150-170.

Geller, J. D., Norcross, J. C., & Orlinsky, D. E. (2005). The question of personal therapy: Introduction and prospectus. In J. D. Geller, J. C. Norcross, & D. E. Orlinsky (Eds.), *The psychotherapist's own psychotherapy: Patient and clinician perspectives*(pp. 3-11). New York: Oxford University Press.

Hackney, H. L., & Cormier, S. (2009). *The professional counselor: A process guide to helping*(6th ed.). Upper Saddle, NJ: Pearson.

Harvey, V. S., & Struzziero, J. A. (2008). Overview. In *Professional development and supervision of school psychologists: From intern to expert* (2nd ed.)(pp. 2-28). Thousand Oaks, CA: Sage.

Hazler, R., & Kottler, J. (1994). *The emerging professional counselor: Student dreams to professional realities*. Alexandria, VA: American Counseling Association.

Himelstein, S. (2013). *A mindfulness-based approach to working with high-risk adolescents*. New York: Routledge.

Ivey, A. E., & Ivey, M. B. (2008). *Essentials of intentional interviewing: Counseling in a multicultural world*. Belmonet, CA: Thomson Higher Education.

Jordan, K., & Kelly, W. F. (2004). Beginning practicum students' worries: A qualitative investigation. *Counseling and Clinical Psychology Journal, 1*(2), 100-105.

Kaplan, S. J. (2000). Family violence. In C. C. Bell (Ed.), *Psychiatric aspects of violence: Issues in prevention and treatment* (pp. 49-62). San Francisco, CA: Jossey-Bass.

Little, S. G., Akin-Little, A., & Medley, N. S. (2011). Interventions to address school crises and violence. In M. A. Bray & T. J. Kehle (Eds.), *Oxford handbook of school psychology* (pp. 483-503). New York: Oxford University Press.

Lyubomirsky, S. (2007). *The how of happiness: A scientific approach to getting the life you want*. New York: Penguin Press.

Marrone, R. (1997). *Death, mourning, and caring*. Pacific Grove, CA: Brooks/Cole.

Muro, J. J., & Kottman, T. (1995). *Guidance and counseling in the elementary and middle schools: A practical approach*. Dubuque, IA: Wm. C. Brown Communications, Inc.

Nagy, T. F. (2011). *Essential ethics for psychologists: A primer for understanding and mastering core issues*. Washington, DC: American Psychological Association.

Nelson-Jones, R. (2005). *Introduction to counseling skills: Texts and activities* (2nd ed.). London: Sage.

Norcross, J. C., & VandenBos, G. R. (2018). *Leaving it at the office: A guide to psychotherapist self-care*. New York: Guilford Press.

Nystul, M. S. (2006). *Introduction to counseling: An art and science perspective* (3rd ed). Boston, MA:Pearson.

Orlinsky, D. E., Norcross, J. C., Ronnestad, M. H., & Wiseman, H. (2005). Outcomes and impacts of the psychotherapist's own psychotherapy: A research review. In J. D. Geller, J. C. Norcross, & D. E. Orlinsky (Eds.), *The psychotherapist's own psychotherapy: Patient and clinician perspectives* (pp. 214-230). New York: Oxford

University Press.

Pearson, Q. M. (2000). Opportunities and challenges in the supervisory relationship: Implications for counselor supervision. *Journal of Mental Health Counseling, 22*(4), 283-294.

Reiter, M. D. (2014). *Case conceptualization in family therapy*. Boston, IL: Pearson Education, Inc.

Riva, M. T., Wachtel, M., & Lasky, G. B. (2004). Effective leadership in group counseling and psychotherapy: Research and practice. In J. L. DeLucia-Waack, D. A. Gerrity, C. R. Kalodner, & M. T. Riva (Eds.), *Handbook of group counseling &psychotherapy* (pp. 37-48). Thousand Oaks, CA: Sage.

Roswarski, T. E., & Dunn, J. P. (2009). The role of help and hope in prevention and early intervention with suicidal adolescents: Implications for mental health counselors. *Journal of Mental Health Counseling, 31*(1), 34-46.

Staton, A. R., Benson, A. J., Briggs, M. K., Cowan, E., Echterling, L. G., Evans, W. F., et al., (2007). *Becoming a community counselor: Personal and professional explorations*. Boston, IL: Lahaska Press.

Tucker, C. (2017). Counseling with young children (5-8) and their families. In S. Smith-Adcock & C. Tucker (Eds.), *Counseling children and adolescents: Connecting theory, development, and diversity* (pp. 270-294). Thousand Oaks, CA: Sage.

Vasquez, M. J. T. (2010). Ethics in multicultural counseling practice. In J.G. Ponterotto, J. M. Casas, L. A. Suzuki, & C. M. Alexander (Eds.), *Handbook of multicultural counseling* (3rd ed.) (pp. 127-145). Thousand Oaks, CA: Sage.

國家圖書館出版品預行編目資料

諮商實習實務／邱珍琬著. ——初版.——臺
北市：五南，2020.09
　面；　公分
ISBN 978-986-522-216-1（平裝）

1.臨床心理學　2.諮商

178.4　　　　　　　　　109012709

1B1B

諤商實習實務

作　　者 — 邱珍琬（149.29）

發 行 人 — 楊榮川

總 經 理 — 楊士清

總 編 輯 — 楊秀麗

副總編輯 — 王俐文

責任編輯 — 金明芬

封面設計 — 姚孝慈

出 版 者 — 五南圖書出版股份有限公司

地　　址：106台北市大安區和平東路二段339號4樓

電　　話：(02)2705-5066　　傳　　真：(02)2706-6100

網　　址：http://www.wunan.com.tw

電子郵件：wunan@wunan.com.tw

劃撥帳號：01068953

戶　　名：五南圖書出版股份有限公司

法律顧問　林勝安律師事務所　林勝安律師

出版日期　2020年 9 月初版一刷

定　　價　新臺幣420元

經典永恆・名著常在

五十週年的獻禮——經典名著文庫

五南，五十年了，半個世紀，人生旅程的一大半，走過來了。
思索著，邁向百年的未來歷程，能為知識界、文化學術界作些什麼？
在速食文化的生態下，有什麼值得讓人雋永品味的？

歷代經典・當今名著，經過時間的洗禮，千錘百鍊，流傳至今，光芒耀人；
不僅使我們能領悟前人的智慧，同時也增深加廣我們思考的深度與視野。
我們決心投入巨資，有計畫的系統梳選，成立「經典名著文庫」，
希望收入古今中外思想性的、充滿睿智與獨見的經典、名著。
這是一項理想性的、永續性的巨大出版工程。
不在意讀者的眾寡，只考慮它的學術價值，力求完整展現先哲思想的軌跡；
為知識界開啟一片智慧之窗，營造一座百花綻放的世界文明公園，
任君遨遊、取菁吸蜜、嘉惠學子！